パパ離乳食はじめます。

本田ようー

JN212495

女子栄養大学出版部

パパは、おっぱいには勝てないけど、離乳食なら作れるぞ！

おめでとうございます。
この本を手にしたということは、赤ちゃんが生まれる、あるいは生まれたからこそだと思います。赤ちゃんが生まれると生活も変わり、考え方も変わっていきます。僕がそうでした。

はじめてのことで、不安なことやたいへんなこともありますが、生まれてきてくれてよかったなと毎日思います、息子の笑顔を見るたびに。

僕は妊娠もできないし、おっぱいも出ません。だからこそ、離乳食を作ります。自分が作ったものを食べて成長する息子は、愛おしさと成長を感じさせてくれます。今は1歳半くらいで散らかしながらよく食べます（笑）。昨日まで食べられなかったものを食べられるようになったり、スプーンをじょうずに使えるようになったり、目の前でどんどん成長していきます。この機会を逃してはもったいない。僕も息子といっしょにパパとして、人としてきっと成長している最中だと思います。

離乳食は、ぜんぜん料理したことないというかたにこそ、作ってほしいです。調理法はゆでる、煮るだけ、味つけも不要。こんなに簡単な料理はないです。離乳食を作れるようになると家族の料理も、ゆくゆくは介護食も作れるようになっていきます。

最後に息子を産んでくれた妻に感謝を。
それでは、新米パパたち、離乳食をはじめましょう！

本田よう一

もくじ

ゴックン期

モグモグ期

カミカミ期

パクパク期

この本の使い方

- Ⅰカップ＝ 200㎖、大さじⅠ＝ 15㎖、小さじⅠ＝ 5㎖の計量カップ・スプーンを使っています。「ミニ」とは、ミニスプーンのことで、容量 1g が計れる計量スプーンのことです。
- 塩は小さじⅠ＝ 5g のものを使用しました。
- 24 ページで紹介したフリージングトレーで、料理をフリージングして作ったブロックを使ってレシピを紹介しています。
- フリージングトレー小で作ったⅠブロックは、小ブロックⅠ個（10 〜 15g）フリージングトレー中で作ったⅠブロックは、大ブロックⅠ個（20 〜 25g）と表記しています。
- 電子レンジの加熱時間は、600W のものを使った場合です。レシピの中の加熱時間は目安です。**加熱が足りないようなら、10 秒くらいずつ、加熱時間を追加してください。**
- 電子レンジを 500W のものを使う場合は、表記の加熱時間の 1.2 割増にしてください。
- レシピの分量はⅠ食分ですが、作りやすい分量になっています。子どもに合わせて増減してください。

> ### 栄養memo
>
> 1 食分の分量は、各時期のだいたいの適正量で紹介していますが、乳児、幼児は適正な量を毎日、毎食食べるわけではありません。少し残してもいいやくらいの気持ちで多めに出してもいいと思います。うちはそうでした。また、残しても無理に食べさせたりせず、1 日とか3 日単位で、食べた量をトータルで考えるくらいでよいと思います。

少しずつ、新米お父さんになるらしい
準備期間

赤ちゃんは、突然生まれてくるわけではないので、生まれるまでの間、準備できることはできるだけして、妻とさまざまな情報を共有していきましょう。

自分にできることを見つけよう

簡単なところでいえば、炊事、洗濯、掃除、整理整頓をする。家事の分担も得意不得意があるし、その精度も違ったりしますが、妻の体調を鑑みながら、家事のバランスや自分のやりたいことと合わせて、進めていければいいと思います。いっしょに暮らす妻の意見もとり入れつつ、お互いが気持ちいいくらいの片づけ具合や負担のないくらいの整理整頓を。

赤ちゃんを産むのは
妻だけど……

僕は、赤ちゃんを10か月お腹に入れておくことはできません。でも、妻のお腹の中では確実に変化が起きていて、それに合わせて、妻の体調も変化が起きまくっています。それを知るには、今はアプリを入れてみたり、ネットを調べたりもできます。妻と同じ温度で準備はできないけど、それに近いことはできる。相手の状態を少しでも察することで、できることは増えるし、少しでも妻に安心してもらえることができると思います。

なにもできない自分にも
できることはある！はず……

生まれる瞬間、男、本当に役に立ちません。どんと構えて、心配ないふりをするくらいです。妻ののどが乾けば、水を買い、ストローをいれて口に持って行く。このくらいはできます。手をにぎって励ましてたら、圧が強いっていわれました（笑）。

我が家の勇み足

初めて子どもを迎える準備は、どこまでしたらいいか、ぜんぜん正解はわからないまま進んでいきます。赤ちゃんといえば、ベビーカーに乗るものだと思って、生まれてすぐにレンタル。しかし、乗せては泣く、乗せては泣く。違うベビーカーを借りても、なかなか使わず、1歳6か月になってようやく少し使うように。こんな失敗ばかりですが、これを繰り返して、家族の形に合うものを選んでいきましょう。これがおもちゃにもあり、食器にもあり、バウンサーなど、いたるところにスムーズにいかなことばかりです。でも、めげない！

育児は反復練習あるのみ！

離乳食が始まるまでの5か月くらいまで、新生児は見てるだけで死んじゃいそうです。おっぱいとうんちと睡眠と2時間おきくらいになにかしら起きます。個人差はありますが、妻は基本的に寝不足、疲労困憊、出産で満身創痍です。パパはおっぱいは出ません。でも、ミルクは作れるし、家事もできるし、赤ちゃんを見ていて、妻をひとりきりにすることもできます。時間を作るしかありません。赤ちゃんを見る時間を増やすしかありません。赤ちゃんと触れる回数を増やし、自分なりに工夫をして、どうしたら泣き止むのか、どうしたら効率よく家事ができるのか、仕事と同じくらいの情熱で量をこなし、質を高める、反復練習——トライ＆エラーあるのみです！

離乳食ってなんですか？

Q1 「離乳食って、必要ですか?」

A： 生後１年未満の乳児は、１年間で体重が約３倍にもなるため、血液を作るための鉄分が不可欠です。生後４か月ごろまでは、体内に貯蔵されていた鉄分を使うことができますが、それ以降は、母乳だけでは鉄分やビタミンＤが欠乏しやすいという報告があります。そのため、成長に必要な栄養素を補うために、生後５か月ごろには離乳食として口から栄養をとり入れていく必要があるのです。

また、離乳食は咀嚼機能を発達させるという意味でも重要な役割を担っています。

Q2 「食べる行為には、どんなメリットがありますか?」

A： 離乳食の必要性は、成長を促したり、適切な生活リズムを形成するだけではありません。たいせつな人と、楽しい話をしながらおいしいごはんを食べる……。これは私たちが生きるうえで大きな糧となる重要な営みです。共食を通じて、食の楽しみやコミュニケーションのたいせつさ、思いやりの心が育まれます。

Q3 「なかなか離乳食を食べてくれません。ミルクだけでもだいじょうぶですか?」

A： １歳ごろまでは、乳汁を減らしたり回数制限をする必要はありません。とはいえ、赤ちゃんがぐずるたびに母乳を与えてしまうと、空腹になることがなく、離乳食の量が増えないということはよくあります。９か月ごろからは授乳回数が多くならないように心がけましょう。

母子手帳にある成長曲線と比べて適正範囲内にない場合は、必要に応じてフォローアップミルクを活用したり、保健センターなどで栄養指導を受けて、食事量を検討します。

Q4 「離乳食は、その後の好き嫌いに影響しますか?」

A: 乳幼児期に培われた味覚や食の嗜好は、大きくなってからの食習慣に影響を与えます。離乳食からさまざまな食材を経験させることは、好き嫌いを軽減し、学校・社会生活を送るうえでプラスに働くでしょう。

Q5 「赤ちゃんのアレルギーについて、知っておくべきことは?」

A: 食物アレルギーの発症を心配して、離乳食の開始を遅らせたり、特定の食物を避けたりすることは、食物アレルギーの発症予防には効果がないことがわかってきました。ですから、5〜6か月ごろから離乳を始めましょう。

　もし、離乳食を食べたあと、口のまわりや顔、体に発疹が出たり、嘔吐、咳込む、息苦しそう、などの症状が現れたら、早めに医療機関を受診してください。自己判断で食物を除去するのではなく、医師の診断に基づいて、アレルギー対策をとる必要があります。

　アレルゲンとなる食材がわかったら、医師の指示のもと、定期的に食物経口負荷試験を受けます。その結果により食べられる量を決め、成長とともに増やしていき、段階を経てアレルギーを克服していきましょう。

　また、最近の研究により、アトピー性皮膚炎などの炎症や湿疹部位を適切に治療していかないと食物アレルギーを発症する可能性が高まることがわかってきました。ですから、まずは肌トラブルの治療を入念に行なうことが、食物アレルギーの予防に役立つと考えられます。

Q6 「肥満が心配なときには」

A: 肥満や将来のメタボリックシンドローム発症と密接な関係がある腸内細菌。離乳が完了する2〜3歳ごろまでに、成人と同じ腸内細菌叢を獲得するといわれています。摂取する乳汁や離乳食が腸内細菌に影響することから、高脂肪、高カロリー食は避け、和食を中心とした離乳食にするとよいでしょう。

Q7 「おっぱい（ミルク）を飲むことと、コップから水を飲むことの違いは?」

A: 赤ちゃんは生まれながらにして母乳やミルクを飲むことができますが、大人の私たちがいま哺乳瓶で水分を飲もうとしても案外むずかしいと感じます。これは、哺乳期の飲み方と離乳食を始めてからの飲み方が、根本的に違うためです。

哺乳期は舌を前後運動させて口腔内の圧力を利用しながらミルクを飲みますが、離乳食をすりつぶして食べられるようになると、口腔内を広く使って舌根部を上下運動させることができるようになります。ですから9〜11か月ごろ、下顎のコントロールがじょうずにできるようになったら、コップから水を飲むトレーニングをするとよいでしょう。

Q8 「味覚感覚器や消化器官の 成長について教えてください」

A： 味覚（甘味・塩味・苦味・酸味・うま味の 5 つ）の発達は、胎児期から始まっていて、胎生 7 週には口の粘膜に味を感じる味蕾が発生し、12 週には成人の味蕾と同じような形になり、羊水を飲んで甘味を感じることができるといわれています。味を感じる部位は成長とともに変化しますが、どのような味を好むようになるかは、味覚体験による影響が大きいと考えられています。母親が食べた食べ物の味は母乳中に移行するため、乳児は母乳からもさまざまな味を体験していきます。

また味の嗜好は、味覚情報だけではなく消化器官からも影響されます。母乳から離乳食に栄養形態が変わっていくに伴い、消化管粘膜や消化吸収機構も進化をしていきます。消化吸収されて体によい影響を与えたものは、おいしく感じられ、反対に食べた後に吐き気や不快を感じたものは、避けるようになります。苦味や酸味などがあり、初めはおいしく感じられなかったものでも、体に無害とわかったものは、徐々にその味に寛容になっていきます。離乳時期にさまざまな味を知ることが、味覚の発達に関わるといえるでしょう。

プロフィール
大熊 美雪
東京品川病院　小児科部長
東邦大学医学部卒
日本小児科学会認定小児科専門医
日本アレルギー学会認定アレルギー専門医

命をつなぎ、成長をうながすたいせつな離乳食

命を見守るというのは、特に0歳児のときは、味わったことのない緊張状態です。それが、離乳食を食べることで、成長していきます。そして1、2、3歳と少しずつ、生命の危機は減っていきます。となると、また違う気遣いは必要になるのですが。

離乳食を食べさせることで、少しずつ父であることを認識する期間

新米パパ、新米ママ、新米赤ちゃんの新人だらけの共同生活。初めての離乳食が始まる不安と緊張。なにが正解なのかわからないけど、右往左往しながらもなんとかやっていくほかない！

おっぱいは出ないけど……

妻は赤ちゃんのことを一日中、考えています。夜泣きをすれば、まとまった睡眠もとれません。さらに家のこともするなんて……。妻がおっぱいをあげてくれているのですから、僕は離乳食を作って妻を少しでも楽にして、さらに自分が作った離乳食を食べてくれるうれしさを妻といっしょに感じたいと思いました。

子どもが「ゴックン」と食べた瞬間の喜びを味わえる幸せ

夫婦としても繋がりを深めることができるいい機会だと思います。今まで料理をそんなにしてこなかった人もぜひ、調理をして自分の子どもに自分が作ったものを食べさせてみてください。経験したことのない喜びに触れられると思います。

いつかは終わるのが離乳食。気楽に気楽に

離乳食はいつかは終わります。どんなに食べない子でもかならず終わりが来ます。ライフステージのごはんでこんなにも短い期間のものはありません。

好き嫌いがあることに初めて気づく

絶対りんごは好きなもんだと思って離乳食初期のころに出したら、思いっきり不思議な顔をされて、泣き出す……。自分で吐き出すことはできないくらいの食事の経験値なんだけど、これは食べたくないってことは、全面的に伝えてきました。しかし、その2か月後に形状を変えて出すと、めっちゃ食べました（笑）。好きになるタイミングは赤ちゃんそれぞれ。様子を見ながらでよいと思います。
残した料理を見ると、食料の廃棄問題とか考えることはありますが、赤ちゃんには仕方ないことにします。大人の量とはまた、違いますしね。

ゴックン期

「10倍がゆ」を作ってみよう

基本のかゆ

10 倍がゆ

材料

- 米…1/4 カップ
- 水…2 と 1/2 カップ

※なべは吹きこぼれ防止のため、
大きめのものがおすすめです。

作り方

**1 水と米を計って
なべに入れる**

軽く洗った米と分量の水をなべ
に入れて、強火にかける。

**2 沸騰してから
50 分炊く**

沸騰したら弱火にし、
ふたをして 50 分炊く。

**3 冷めたら
フリージングトレーに
入れて冷凍保存**

火を消してさめるまでおき、フリー
ジングトレーに入れて冷凍する。

**フードプロセッサーで
もっとなめらかに**

10 倍がゆで食べにくそうにす
る場合は、フードプロセッサー
でさらになめらかにすると、
より飲み込みやすくなります。

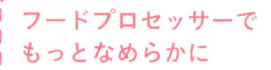
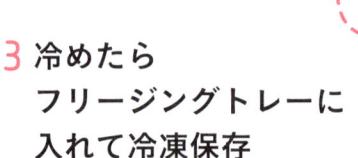

● そのほかのかゆの分量と炊飯時間

	材料	炊飯時間
8倍がゆ	・米…1/4カップ ・水…2カップ	40分
6倍がゆ	・米…1/4カップ ・水…1と1/2カップ	30分
4倍がゆ	・米…1/2カップ ・水…2カップ	25分
軟飯	・米…1/2カップ ・水…1カップ	25分

※炊飯器で炊く場合は、「おかゆモード」「中華がゆ」モードで炊く。

● ごはんから作る場合は…

作り方 なべにごはんと水を入れて中火にかけ、それぞれのおかゆになるまで炊く。

10倍がゆ	・ごはん…100g	・水…2と1/2カップ
8倍がゆ	・ごはん…100g	・水…2カップくらい
6倍がゆ	・ごはん…100g	・水…1と1/2カップ
4倍がゆ	・ごはん…100g	・水…1カップくらい
軟飯	・ごはん…100g	・水…3/4カップくらい

野菜ペーストを作ろう

● 根菜の野菜ペースト

作り方

1 根菜をまるのまま煮る

なべに、根菜とじゅうぶんに浸かるくらいの水を入れて火にかける。根菜は特に皮をむいたり切り分けたりする必要はないが、なべに入らない場合は適宜切り分ける。

なべの場合 — — — — — —

強火にかけて沸騰したら弱火にし、ふたをして箸がすっと刺さるくらいまで加熱する。写真の大根とにんじんでだいたい30分くらいが目安。火を消したらそのまま冷ます。

炊飯器の場合 — — — — —

炊飯ボタンで加熱する。ただし、炊飯器によって加熱むらがある。じゃが芋など、煮くずれてしまうことがあるので、一度試してみること。

2 ペーストにする

フードプロセッサーで ー ー ー ー ー ー ー

適当な大きさに切り、フードプロセッサーでなめらかになるまで撹拌する。

ー ー ー ー ー ー ー ー 包丁で

赤ちゃんの様子に応じて、適当な大きさに切り分ける。ペースト状にする場合は、ある程度細かく切ってから包丁の腹を使ってつぶす。

22

発達に応じてなめらかさを変えよう

はじめはフードプロセッサーを使ったなめらかな状態からスタート。それでも飲み込みにくいようであれば、おかゆのうわずみや湯冷ましなどを加えてさらにとろとろにしてあげます。月齢に合わせたり、食事の様子を観察したりしながら、だんだんと粗くしていきましょう。

3 小分けにして保存する

できあがったペーストは、フリージングトレーに入れて冷凍する。

まとめて作ったら
1食分ずつ保存すると便利

離乳食は、まとめて作って1食分ずつ小分けに
冷凍保存しておくと、調理や毎食の準備の手間が省けて
一石二鳥。離乳食の準備と保存に便利な道具と、
保存の手順を紹介します。

フリージングトレー（小）1ブロック 15㎖
フリージングトレー（中）1ブロック 25㎖

写真の商品／株式会社リッチェル「わけわけフリージングブロックトレー」

離乳食の保存方法

使う道具

フリージングトレー

小分けにして冷凍するのに便利です。いろいろな素材や形のものが販売されているので、使いやすいものを選んでいくつか持っておくとよいでしょう。

ファスナーつき保存袋

凍らせた食材は、薄手の冷凍用ビニール袋に入れ、空気を抜いて封をし、さらにファスナーつきの保存袋に入れて保存しましょう。食材別に袋を分けると便利。

キッチンスケール、計量スプーン、計量カップ

液体や粉類は計量スプーンか計量カップを、重さを量るときはキッチンスケールを使いましょう。キッチンスケールはデジタルが断然使いやすくてオススメ。

小さなゴムべら

少ない量を分けるのに、小さなゴムべらを持っておくと重宝します。フードプロセッサーの刃に残ったペーストまできれいにこそげとれて、気持ちいいです。

食材のフリージング

- 離乳食や幼児食に使うほとんどの食材はフリージングできます。まとめて作って少量ずつ使えますし、すでに下処理ずみなので食事作りが断然、楽になります。
- 食材ごとにフリージングする前の下処理方法を紹介します。それぞれ下処理後、さめてからフリージングトレーに詰めて冷凍してください。つかみ食べ用は適量をラップに包んで冷凍してください。
- 冷凍する形状は、それぞれの時期に食べられる状態に合わせてください。（ペースト、つぶし、1cmの角切り、4〜5cm長さ、1cm角の棒状、一口大など）
- まとめ作りする量も子どもの食べる量に合わせて増減してください。

使用したフリージングトレー

写真の商品／株式会社リッチェル「わけわけフリージングブロックトレー」

小
フリージングトレー
小1ブロック（15ml）
だいたい 10〜15g

大
フリージングトレー
大1ブロック（25ml）
だいたい 20〜25g

根菜・芋類

食材 100g の目安量
- にんじん…小1本
- 大根…直径 6cm × 4cm厚さ
- じゃが芋…中1個
- さつま芋…1/2 本
- 長芋…7cm
- かぶ…1〜2 個

食材 100g の作り方
【フリージングトレー ½ トレー分】
1 根菜や芋類は皮をむかずにまるのままなべに入れ、かぶるくらいの水を注ぐ。
2 強火にかけ、沸騰したら弱火にし、ふたをして 30 分くらいゆでて火を消し、ゆで湯につけたままさめるまでおく。
3 皮をむき、それぞれの形状にする。

葉物野菜

食材 100g の目安量
- ほうれん草…1/3〜1/2 束
- 小松菜…1/3 束
- 白菜…中1枚
- キャベツ…1 枚
- とうもろこし…2/3 本

食材 100g の作り方
【フリージングトレー ½ トレー分】
1 葉物野菜は根元や芯（葉脈）などかたい部分を切り除き、なべにたっぷりの湯を沸かし（塩は入れない）、ゆでる。
2 10〜15 分ほどゆででやわらかくなったら水にとり、さめたら水けを絞り、それぞれの形状に切る。

野菜類（電子レンジ加熱）

食材 100g の目安量

- ブロッコリー…1/2 個（つぼみ部分のみ）
- ズッキーニ…1/2 本
- ピーマン…4 個
- なす…1 本
- 玉ねぎ…1/2 個

食材 100g の作り方
【フリージングトレー ½ トレー分】

1 野菜は皮や種やへたを除き、子房に分けたり、食べやすい大きさに切る。
2 耐熱皿に入れ、水大さじ 2 をかけ、ふわりとラップをして電子レンジで 2 ～ 3 分加熱する。加熱しすぎるとかたくなるので、様子を見ながら加熱する。

野菜類（ゆでる）

食材 100g の目安量

- かぼちゃ…1/10 個

食材 100g の作り方
【フリージングトレー ½ トレー分】

1 かぼちゃはわたや種を除いて大きいまま、なべに入れ、かぶるくらいの水を注いで強火にかける。
2 沸騰後、弱火にし、20 ～ 30 分ゆでて火を消し、ゆで湯につけたまますます。
3 皮を包丁でこそげ落として、それぞれの形状にする。

きのこ類

食材 100g の目安量

- しめじ…1 パック
- しいたけ…5 ～ 6 個

食材 100g の作り方
【フリージングトレー ½ トレー分】

1 きのこはほぐしたり食べやすく切って耐熱皿に入れ、ふわりとラップをして電子レンジで 1 ～ 2 分加熱する。

くだもの類

食材 100g の目安量

- バナナ…1 本
- りんご…1/2 個
- メロン…1/5 個

食材 100g の作り方
【フリージングトレー ½ トレー分】

1 くだものは皮をむいて 1cm 厚さに切る。
2 なべに湯を沸かし、くだものを入れてやわらかくなるまで 5 ～ 10 分ゆでる。

卵

- 卵…1 個（50g）

ゆで卵の作り方
【フリージングトレー¼トレー分】

1 卵はなべにかぶるくらいの水とともに入れて火にかけ、10 分ゆでて水にとる。

2 あら熱がとれたら卵黄と卵白に分けてそれぞれの形状にする。少量ずつラップに包んで冷凍してもよい。

いり卵の作り方
【フリージングトレー¼トレー分】

1 卵は割りほぐし、フライパンを熱して（油はひかない）卵を入れて菜箸 4 本で手早くかき混ぜながらポロポロになるまでいる。細かくしたい場合はいり卵をさらにフードプロセッサーにかける。少量ずつラップに包んで冷凍してもよい。

缶詰め類

食材 100g の目安量
- トマトの水煮缶詰め（カットタイプ）…1/4 缶
- コーン缶詰め…小 1/2 缶
- ツナ水煮缶詰め（無塩）…小 1〜1 と 1/4 缶

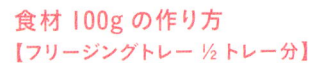

食材 100g の作り方
【フリージングトレー ½ トレー分】

1 缶汁ごとフリージングトレーに詰めて冷凍する。

魚類（加熱）

食材 100g の目安量
- カジキ…1 切れ
- 生ザケ…1 切れ

食材 100g の作り方
【フリージングトレー ½ トレー分】

1 魚は耐熱皿に入れ、水大さじ 1 をふりかけ、ラップをふわりとかけて電子レンジで 1 分 30 秒加熱してそのままおいて余熱を使って火を通す。

2 あら熱がとれたら皮や骨などを除き、食べやすくほぐす。

3 汁ごとフリージングトレーに詰めて冷凍する。

魚類（生）

食材 100g の目安量
- アジ…三枚おろし 2 枚（1 尾分）

アジ 100g の作り方
【フリージングトレー ½ トレー分】

1 3 枚におろしたアジの身を 1 枚ずつラップに包み、冷凍する。

シラス干しの塩抜きの仕方
【適量】

1 ボールにシラス干しを入れて熱湯を注いで塩抜きする。

2 5 分ほどおいておき、味見をして、塩けを感じなければ、湯をきってフリージングトレーに入れて冷凍する。

肉類（鶏肉）

食材 100g の目安量

- 鶏ささ身（筋を除く）…2本
- 鶏胸肉（皮なし）…1/3 枚
- 鶏もも肉（皮なし）…1/3 枚

食材 100g の作り方
【フリージングトレー ½ トレー分】

1 鶏肉を耐熱皿に入れ、水大さじ1を振りかけ、ラップをふわりとかけて電子レンジで1分30秒〜2分加熱してそのままおき、余熱を使って火を通す。
2 あら熱がとれたらそれぞれの形状にほぐす。
3 汁ごとフリージングトレーに詰めて冷凍する。

肉類（薄切り肉）

食材 100g の目安量

- 豚肉（肩ロース、ロース、もも）…8 〜 10 枚
- 牛肉（肩ロース、ロース、もも）…8 〜 10 枚

食材 100g の作り方
【フリージングトレー ½ トレー分】

1 小さいフライパンに水1カップを入れて沸騰させる。
2 肉を広げるようにして1枚ずつ入れて弱火で1分ほどゆで、肉の色が白っぽくなったらざるにあげてさます。
3 ゆで汁は再沸騰させ、さます。アクが出たらすくい除く。
4 ゆでた肉は適当な大きさに切り、フリージングトレーに入れ、3のゆで汁も入れて冷凍する。残ったゆで汁も冷凍する。スープの素として使える。

肉団子

食材 100g の目安量

- ひき肉（鶏肉、豚肉、合挽き肉。脂身の少ないもの）…100g
- 塩…ミニスプーン 1/2（0.5g）
- 水…大さじ1
- かたくり粉…小さじ1

食材 100g の作り方
【フリージングトレー ½ トレー分】

1 ボールにすべての材料を入れて粘りが出るまでよく練る。
2 直径1cmくらいの肉団子に丸める。手に肉だねがつくようなら手を水で濡らしながら整形するとよい。
3 小さいフライパンに水1カップを入れて沸騰させる。
4 2の肉団子を全部入れてふたをし、弱火で2分ゆでる。
5 肉団子をひっくり返してさらに1分ゆでる。そのまま、ふたをしてさます。
6 3〜4個をひとまとめにしてラップで包み、冷凍する。
7 ゆで汁は再沸騰させ、アクが出たらすくい除き、さましてフリージングトレーに入れて冷凍する。スープの素として使う。

● 保存のしか...

1 計量する

1個○グラムと決めて、計量しながらフリージングトレーに入れて
いく。目安なので、そこまで神経質にならなくてもだいじょうぶ。

2 冷凍する

離乳食がしっかりと冷めている
ことを確認してから、冷凍庫に
入れて冷凍。急速冷凍機能がつ
いていればぜひ活用を。

3 ファスナーつき 保存袋に移す

フリージングトレーで充分に凍ったらとり出し、薄手の冷凍用ビニール袋に入れて空気を抜いて封をし、さらにファスナーつきの保存袋にいれて2重にして保存しましょう。

ごはん類、野菜類、たんぱく質類、フルーツ類と袋ごとに分けておくと便利です。

作った日を袋に書き込んで、1週間を目安に使い切りましょう。

フリージングにしておくメリット

1 衛生的

完全に加熱したものを冷凍します。さらに食べる直前に電子レンジで加熱することで、より衛生的なものを赤ちゃんに与えることができます。

2 機能的

冷凍しておくことで、離乳食にかかる調理の時間が短くてすみます。その分、赤ちゃんを見ていることができます。

それに、食べている途中にごはんをひっくり返した場合でも冷凍したストックがあれば、またすぐに作れるので安心です。

また、昼にたんぱく質のものをそんなに食べていなかったから夜は少し多めにしてみようとか、献立の調整もフリージングのストックがあると手軽にできるようになると思います。

3 精神的な安心感

離乳食を残しても、妻は自分が一から作ったものを残されるより、僕が作ったものだと落ち込む必要がなくなります。それでも食べてくれないと妻は心配しますが、その心配を妻と分け合うことで少しでも安心感を増やすことができます。

赤ちゃんの食事を
記録しよう

離乳食の記録はぜひつけることをおすすめします。
離乳食を進めていくときにも役立ちますし、
子どもが成長したあとも、きっと家族のたいせつな思い出に
なってくれるはずです。やっているときは少したいへんだけど、
振り返ってみると離乳食の期間なんてあっという間。
そして、過ぎてみると、親子で協力しながら離乳食にとり組んだ時間は、
なんて貴重だったんだろうと思います。

ノートに

これは、妻がつけていた手書きの離乳食日記です。
文字だけでなく、イラストも描いてあったりして、
そのとき感じていたことがリアルに伝わってきます。

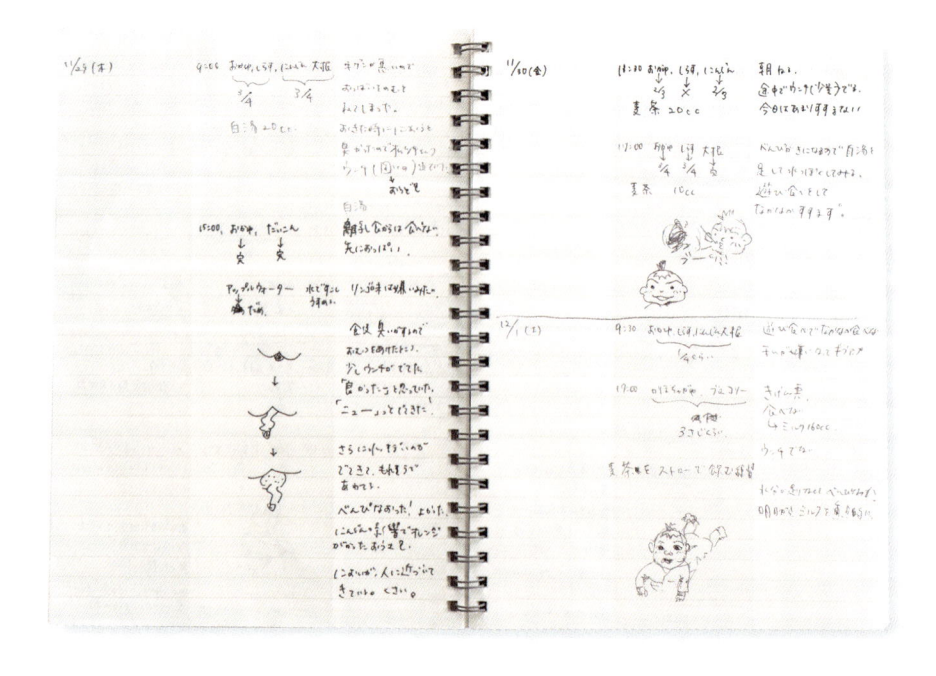

スマートフォンに

食べる前の離乳食をスマホでパシャっと撮っておくだけでも、充分記録になります。うちの場合は、食べ終わったときにももう一枚撮影して、どのくらい食べたのかがわかるようにしました。

赤ちゃん用の食器はどうする？

いざ離乳食を始めようというタイミングになると、
あれこれ準備するものがあって大変……かと思いきや、
意外とそんなことはありません。
赤ちゃん用の食器も、
各々のスタイルに合わせて
少しずつそろえて
いきましょう。

必要最低限でOK

赤ちゃん用の食
器はたくさん売っ
ていますが、離乳食の
ためだけにわざわざ一式
買いそろえる必要はありませ
ん。まずはもともと持ってい
た小皿などを活用して、必要
に迫られたら購入するくらい
の気持ちでだいじょうぶです。

電子レンジ対応

冷凍しておいた離乳食を温める
ために、電子レンジ対応のものは
重宝します。木の器は、見た目も手触
りもいいけど、電子レンジに入れられな
いのが少し残念……。

● スプーン、フォーク

スプーンやフォークは口に入ったときの感覚にそのまま影響するので、木、シリコン、プラスチックなどのやわらかい素材の中から、気に入ったものを用意してあげましょう。大人用の金属のものは、熱伝導率が高すぎて赤ちゃんが嫌がったり、口の中を傷つけたりする可能性があるので避けたほうがよいでしょう。

● 落としても割れないもの

赤ちゃんが自分で食器を持つようになったら、プラスチックや木などの素材を使った割れにくいものを使いましょう。「万が一落としてもだいじょうぶ」という安心感があると、親の方もおおらかな気持ちで食事の時間を楽しめます。

離乳食の食べさせ方

ゴックン期

赤ちゃんが少し後ろに傾くように抱っこして、スプーンで少しずつ食べさせます。スプーンで下唇に軽く触れて、赤ちゃんが自分から唇ではさんでとり込もうとするのを待ちましょう。無理矢理口の中に流し込んだり、スプーンを押しつけるような食べさせ方では、食べる練習になりません。

ゴックン期の1食分の目安

はじめはペースト状のおかゆひとさじからスタート。おかゆに慣れてきたら、おかゆの量を少しずつ増やしながら、野菜ペーストもひとさじから始めていきます。野菜ペーストにも慣れたら、次はたんぱく源にもチャレンジ。様子を見ながら、野菜とたんぱく源の量も徐々に増やしてみましょう。

モグモグ期

自分で座れるようになったら、赤ちゃんの足が床や足置き台に着くようないすを用意して、そこで食べる練習を始めます。舌が上下に動いて、口の中でつぶすような動きができるようになるので、赤ちゃんの様子をしっかり観察して、数秒間しっかりとモグモグしてから飲み込んでいるかどうか確かめましょう。自分もモグモグゴックンと見本を見せながら食べさせましょう。

カミカミ期

唇の筋肉が発達してくるので、やや深めのスプーンを使って、食べ物を口の中にとり込む練習をしてみましょう。手づかみ食べを始めると、ひと口の量が調整できず食べにくそうにすることもありますが、何度も経験するうちにちょうどよい量を覚えるので、すぐに手を貸す必要はありません。まるのみしていないかどうかはしっかりチェックして。

パクパク期

手づかみ食べに加え、スプーンも使い始める時期。テーブルをひじがつく高さに調節しましょう。肉団子くらいのかたさの食べ物は食べられるようになりますが、奥歯の筋肉が動いてしっかり噛んでいるか観察します。フォークでは咀嚼（そしゃく）の練習にならないので、食べる練習にはスプーンを使って。

NG 食材リスト

赤ちゃんに与えてはいけないものを頭に入れておくと安心。
アレルギーの原因になりやすいものや、
消化器系が未発達の赤ちゃんの内臓に負担をかける
塩分・油脂分の多いものは避けましょう。

こんにゃくゼリー

のどに詰まらせる危険性が高い
ので避けましょう。

はちみつ

1歳未満の赤ちゃんにはちみつを食べさ
せると、乳児ボツリヌス症にかかる恐れ
があるので絶対に避けます。ボツリヌス
菌は熱に強いので、加熱しても NG です。

生もの
（刺し身、生卵など）

加熱調理していない刺し
身や生卵は食べさせない
ようにしましょう。大人
は問題なく食べられても、
免疫力が未発達の赤ちゃ
んは食中毒を起こしてし
まう可能性があります。

もち

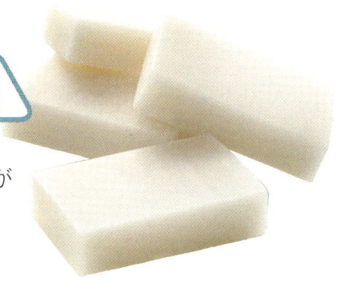

のどに詰まらせる危険性が
高いので避けましょう。

そば

アレルギーを起こす可能性があ
るので、1歳以降に様子を見な
がら与えましょう。

ピーナッツ

アレルギーを起こす可能性があ
るので、1歳以降に様子を見な
がら与えましょう。

ハム・ソーセージ

塩分や添加物が多く含まれるの
で、幼児期以降に与えましょう。

かまぼこ・ちくわ・
魚肉ソーセージ

塩分や添加物が多く含まれるの
で、幼児期以降に与えましょう。

おすすめ食材

にんじん

甘みの強い野菜は食べて
くれやすいので、初めての
離乳食におすすめ。にんじ
んに豊富に含まれるβ－カ
ロテンには、皮ふや粘膜を
強くして、免疫力を上げる
効果があります。

ほうれん草

ビタミンや鉄、カロテンなどの微量栄
養素を豊富に含む優秀な食材。赤ちゃ
んには、やわらかい葉の部分を使いま
しょう。シュウ酸というえぐみのある
成分を含むので、アク抜きは必須（や
わらかくゆでて、水にさらせばOK）。

かぼちゃ

加熱してもこわれにくいビ
タミンCを豊富に含みます。
皮はとり除き、やわらかい
ペースト状にしてから与え
ましょう。

大根

一年を通して安定した価格
で手に入るので使いやすい
食材。じっくりと煮ると甘
みが出て、赤ちゃんにも食
べやすくなります。

バナナ

ゴックン期には、エネルギー源としても使いやすいくだもの。アレルギー予防のため、加熱してから与えましょう。

卵黄

ゴックン期には、しっかりとかたゆでにして、アレルギー源となりやすい卵白は除きます。パサパサするので、おかゆなどの水分の多いものに混ぜてから与えましょう。

豆乳

牛乳はまだ使えませんが、砂糖を含まない無調整の豆乳はゴックン期の赤ちゃんにも OK。植物性の良質なたんぱく質を豊富に含みます。

シラス干し

少量でも使いやすく、離乳食に便利なたんぱく源です。熱湯に 5 分ほどつけ、塩分を抜いてから使いましょう。

10倍がゆ にんじんペースト

材料

・10倍がゆ…小ブロック1個（15g）➡ p.18
・にんじん（ペースト）…小ブロック1個（15g）➡ p.26

作り方

1 かゆとにんじんは凍ったままそれぞれ耐熱ボールに入れ、
ふわりとラップをして電子レンジで各30秒加熱する。

10倍がゆ かぼちゃペーストのせ
ほうれん草ペースト

材料

10倍かぼちゃがゆ

┌ 10倍がゆ…小ブロック1個（15g）➡ **p.18**
└ かぼちゃ（ペースト）…小ブロック1個（10g）➡ **p.27**

・ほうれん草（ペースト）…小ブロック1個（10g）➡ **p.26**

作り方

1　かゆ、かぼちゃ、ほうれん草は凍ったままそれぞれ耐熱ボール
　　に入れ、ふわりとラップをして電子レンジで各30秒加熱する。

2　かゆにかぼちゃをのせる。

10倍がゆ シラス干しのせ
にんじんの豆乳スープ

材料

- 10倍がゆ…小ブロック2個（20g）➡ **p.18**
- シラス干し…ひとつまみ
- にんじん（ペースト）…小ブロック1個（10g）➡ **p.26**
- 豆乳…小さじ2（10g）

作り方

1 かゆは凍ったまま、耐熱ボールに入れ、ふわりとラップをして電子レンジで30秒加熱する。

2 シラス干しは熱湯に塩味がなくなるまで浸し、刻んでかゆにのせる。

3 にんじんは凍ったまま豆乳とともに耐熱ボールに入れ、ふわりとラップをして電子レンジで30秒加熱し、全体をかき混ぜる。

10倍がゆ 卵黄のせ
かぼちゃペースト

材料

- ┌10倍がゆ…小ブロック2個（30g）**→ p.18**
- └卵黄（ゆで）…小ブロック1個（15g）**→ p.28**
- ・かぼちゃ（ペースト）…小ブロック1個（10g）**→ p.27**

作り方

1 かゆは凍ったまま耐熱ボールに入れ、ふわりとラップをして電子レンジで40秒～1分ほど加熱する。

2 卵黄は凍ったまま耐熱ボールに入れ、ふわりとラップをして電子レンジで5～10秒ほど加熱する。少量をかゆにのせる。

3 かぼちゃは凍ったまま耐熱ボールに入れ、ふわりとラップをして電子レンジで30秒加熱する。

栄養memo

ゴックン期では分量が少量のものがたくさん出てきます。かならずといっていいほど冷凍した材料で残るものが出てきますが、大人がほどよく食べてしまいましょう。ゆで卵なら、冷凍しなくてもゆでたものを冷蔵庫で保存しておいてもよいですよ。

10倍がゆ にんじんペーストのせ
つぶしバナナ

材料

- 10倍がゆ…小ブロック2個（30g）➜ p.18
- にんじん（ペースト）…小ブロック1個（15g）➜ p.26
- バナナ（つぶし）…小ブロック1個（10g）➜ p.27

作り方

1 かゆは凍ったまま耐熱ボールに入れ、ふわりとラップをして電子レンジで40秒〜1分ほど加熱する。

2 にんじんは凍ったまま耐熱ボールに入れ、ふわりとラップをして電子レンジで30秒加熱してかゆに1/3量（5g）くらいをのせる。

3 バナナは耐熱ボールに入れ、ふわりとラップをして電子レンジで30秒加熱する。

栄養memo

くだものの中には酵素を含んでいるものがあるので、バナナに限らず、初めて食べさせるものはすべて加熱してさましたものをあげるようにしましょう。

10倍がゆ 大根ペーストのせ
ほうれん草ペーストのシラス干しのせ

材料
- 10倍がゆ…小ブロック2個（30g）→ **p.18**
- 大根（ペースト）…小ブロック1個（10g）→ **p.26**
- ほうれん草（ペースト）…小ブロック1個（10g）→ **p.26**
- シラス干し…2〜5g

作り方
1 かゆは凍ったまま耐熱ボールに入れ、ふわりとラップをして電子レンジで40秒〜1分加熱する。
2 大根は凍ったまま耐熱ボールに入れ、ふわりとラップをして電子レンジで30秒加熱してかゆにのせる。
3 ほうれん草は凍ったまま耐熱ボールに入れ、ふわりとラップをして電子レンジで30秒加熱する。
4 シラス干しは熱湯に塩味がなくなるまで浸し、刻んでほうれん草にのせる。

10倍豆乳がゆ

かぼちゃペーストのシラス干しのせ

材料

- 10倍がゆ…小ブロック2個（30g）→ p.18
- 豆乳…小さじ2（10g）

- かぼちゃ（ペースト）…小ブロック1個（10g）→ p.27
- シラス干し…3g

作り方

1 かゆは凍ったまま豆乳といっしょに耐熱ボールに入れ、ふわりとラップをして電子レンジで40秒～1分加熱し、よく混ぜる。

2 かぼちゃは凍ったまま耐熱ボールに入れ、ふわりとラップをして電子レンジで30秒加熱する。

3 シラス干しは熱湯に塩味がなくなるまで浸し、刻んでかぼちゃにのせる。

10倍がゆ ほうれん草ペーストのせ
にんじんペーストの卵黄のせ

材料

- 10倍がゆ…小ブロック3個（40g）➡ p.18
- ほうれん草（ペースト）…小ブロック1個（15g）➡ p.26
- にんじん（ペースト）…小ブロック1個（15g）➡ p.26
- 卵黄（ゆで）…小ブロック1個（15g）➡ p.28

作り方

1 かゆは凍ったまま耐熱ボールに入れ、ふわりとラップをして電子レンジで1分30秒加熱する。

2 ほうれん草とにんじんは凍ったままそれぞれ耐熱ボールに入れ、各30秒加熱する。

3 卵黄は凍ったまま耐熱ボールに入れ、ふわりとラップをして電子レンジで5〜10秒ほど加熱する

4 かゆにほうれん草を1/3量（5g）くらいをのせ、にんじんに卵黄を1/5量（3g）くらいをのせる。

離乳食日記 ゴックン期

1週間目 − 離乳食スタート − 1回食

・10倍がゆ

・10倍がゆ

・10倍がゆ ・10倍がゆ

・10倍がゆ

・かぼちゃ・10倍がゆ ・かぼちゃ・10倍がゆ

3週間目 − 1回食

・かぶ、ほうれん草・10倍がゆ

かぶ、ほうれん草スタート！

・10倍がゆ・かぶ、ほうれん草

・10倍がゆ

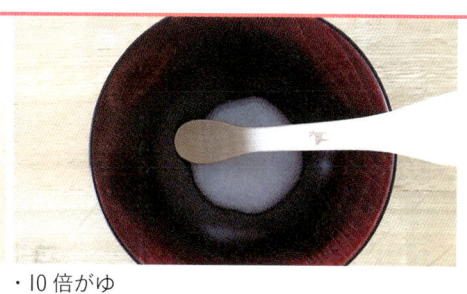

・10倍がゆ

2週間目 – 1回食

かぼちゃスタート！

・10倍がゆ・かぼちゃ

・10倍がゆ・かぼちゃ

・10倍がゆ・かぼちゃ

・かぼちゃ・10倍がゆ

・かぼちゃ・10倍がゆ

量が増えていく

・かぶ、ほうれん草・10倍がゆ

・かぶ・10倍がゆ

51

・10倍がゆ・かぶ、ほうれん草

・10倍がゆ・かぶ、ほうれん草

・にんじん・10倍がゆ

・10倍がゆ・にんじん

5 週間目 − 1回食〜2回食

・10倍がゆ・かぼちゃ

・10倍がゆ・にんじん

・10倍がゆ・かぼちゃ

・10倍がゆ・小松菜

2回食スタート！

様子見で1回食に戻す

・かぼちゃ・10倍がゆ・ブロッコリー

にんじんスタート！

・10倍がゆ ・かぶ、ほうれん草　　　・にんじん ・10倍がゆ

・10倍がゆ ・かぼちゃ

・10倍がゆ ・かぼちゃ

・10倍がゆ ・かぼちゃ

・かぼちゃ ・10倍がゆ

・10倍がゆ ・かぼちゃ

・10倍かぼちゃがゆ ・ブロッコリー

・かぼちゃ
・ブロッコリー
・10倍がゆ

・10倍がゆ

2回食再開！

6 週間目 －2回食

・りんご
・10 倍がゆ
・かぼちゃ

・かぼちゃ
・10 倍がゆ

・10 倍がゆ
・ブロッコリー

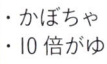

・10 倍がゆ
・ほうれん草
・かぼちゃ

・コーンがゆ
・ほうれん草

・10 倍がゆ
・ほうれん草

・さつま芋
・ほうれん草
・10 倍がゆ

・8 倍がゆ

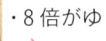

米粒を残す程度に炊く

・ほうれん草
　がゆ
・さつま芋

・10 倍がゆ
・さつま芋

・ほうれん草
・さつま芋
・10 倍がゆ

・さつま芋
・ほうれん草
・10 倍がゆ

・10倍がゆ
・ほうれん草
・かぼちゃ

・10倍がゆ
・さつま芋

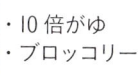

・10倍がゆ
・ブロッコリー

・10倍がゆ
・ほうれん草

7週間目 – 2回食

豆腐は好きじゃ
なかった

・10倍がゆ
・豆腐
・さつま芋

・ほうれん草
・10倍がゆ
・さつま芋

・10倍がゆ
・ほうれん草

・10倍がゆ
・さつま芋

・10倍がゆ・ほうれん草
・にんじん

・10倍がゆ・豆腐
・さつま芋

・8倍がゆ
・大根
・にんじん

・8倍がゆ

・8倍がゆ＋
　シラス干し
・にんじん、
　大根

・8倍がゆ
・大根
・にんじん

・8倍がゆ＋シラス干し・にんじん、大根

体調不良で1回食

・かぼちゃ・10倍がゆ

・にんじん
・10倍がゆ＋
　小松菜

・かぼちゃ
・10倍がゆ

9 週間目 − 2 回食

・10倍がゆ
・かぼちゃ
・小松菜

・10倍がゆ＋
　シラス干し
・さつま芋

・にんじん
・10倍がゆ
・ブロッコリー

・10倍がゆ＋
　小松菜＋
　きな粉
・にんじん、
　シラス干し

8 週間目 − 2回食

・10倍がゆ
・ブロッコリー

・8倍がゆ＋
　ささ身
・大根

・ブロッコリー・かぼちゃがゆ

バナナ嫌い

バナナリベンジ。
失敗

・10倍がゆ・バナナ
・にんじん

・10倍がゆ＋シラス干し
・にんじん

・10倍がゆ
・にんじん
　かぼちゃ
（レトルト）

・10倍がゆ
・バナナ
・にんじん

・10倍がゆ＋
　シラス干し
・かぼちゃ

・10倍がゆ＋
　きな粉
・ブロッコリー

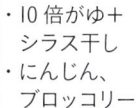

・ブロッコリー
・10倍がゆ＋
　きな粉

・10倍がゆ＋
　シラス干し
・にんじん、
　ブロッコリー
・コーンスープ
（レトルト市販品）

少しずつ、
離乳食を作ること、
食べさせることに
慣れていく期間

食べる食材の種類も少しずつ増えます。食べる食べないも少しずつわかってくるので、離乳食を食べさせることが作業化できるようになります。

どんどん成長するのを感じます

10倍がゆからスタートしたゴックン期には、こんなものが食べられるようになるとは想像もつかなかったのですが、僕の息子は、めっちゃ、食べるようになりました。びっくり！　食べることで体力が増し、免疫力も増し、興味をおぼえ、手や口の動きが徐々に複雑になっていく様子は見ていて頼もしいくらい。ちょっとやそっとじゃ死なないわ、これは、と思います。

モグモグ期までは
味つけは不要です

たんぱく質の食材や初めて食べる食材など、食べるものの種類を少しずつ増やしていく時期です。まだまだ味つけはせず、素材の味をたいせつにしましょう。食事の回数が一日2回になりますが、一日1回のときの量から、少しずつ増やしながら1.5回から2回へと徐々に増やしていけるとよいと思います。

赤ちゃんにだって
好き嫌いはありますよ

赤ちゃんの食べ物の好みは千差万別です。大人でも嫌いな食べ物はあるので、そこは仕方ないと理解して、食べさせていくのがいいと思います。嫌いなものは嫌いなのです。

離乳食を作る人と
食べさせる人は
別々の人に

離乳食を作る人と食べさせる人を分けると赤ちゃんが残しても落ち込みにくくなると思います。だれだって自分が作ったものは全部食べてほしいと思ってしまいますから。

食べない理由は、
はちゃめちゃだから
追求しない

落ち着いて食べられるようにテレビは消す、席とテーブルの位置を確認するなど、食べる環境を整えることも必要でしょう。それでも、食べない理由はそれぞれで、その食材が苦手、食感が苦手、硬い、やわらかい、飲み込みづらいなど理由もたくさん。料理そのものが原因ではないこともあって、眠りたい、遊びたい、うんちしたいとはちゃめちゃです。ひとつひとつ理解するのは無理なので、あきらめてOK。

7、8割の力がいい感じ

毎回、赤ちゃんが食べない理由に、料理の作り手が合わせるのは不可能なので完璧は目指しません、全力は出しません、一生懸命やりません。7割、8割くらいの力で料理するのがいいと思います。

モグモグ期

はじめての食材

旬や大人の食卓に上る食材があれば、ゴックン期からモグモグ期の移行期に少量ずつ試しながら始めるのもよいでしょう。

キャベツ

味にクセがないので、どんな料理にも使い回せる便利な野菜です。繊維がやわらかい内側の方の葉を使いましょう。

ブロッコリー

β-カロテンやビタミンCを豊富に含みます。やわらかくゆでて、つぶしてから与えましょう。

白菜

じっくりと加熱することで甘みが出て食べやすい葉野菜です。キャベツ同様、やわらかい内側の方の葉を使うようにするとよいでしょう。

じゃが芋

熱に強いビタミンCを豊富に含みます。皮の下や芽には毒が含まれる場合があるので、しっかりととり除きます。

鶏ささ身

脂身が少ないものであれば、お肉も食べられるようになります。まずは、やわらかくて脂身のないささ身から始めてみましょう。

青のり

海藻類にもチャレンジしてみましょう。おかゆなどに混ぜると、自然なうまみをプラスしてくれます。

マグロ

熱を加えると固くなるので、とろみをつけたり、おかゆに混ぜたりしてから与えるのがよいでしょう。刺し身はNG。

絹ごし豆腐

口当たりのよい絹ごし豆腐からチャレンジしてみましょう。なめらかにつぶしたものに慣れたら、みじん切り、さいころ状と、徐々に大きくして。

ひきわり納豆

大豆よりも栄養価が高く、消化しやすいたんぱく源です。離乳食には、最初から刻んであるひきわり納豆が便利。加熱してから与えましょう。

さつま芋ペーストのカジキのせ
パン豆乳がゆ

パン豆乳がゆ

材料
・食パン…8枚切り1/2枚
・豆乳…1/4カップ（50g）

作り方
1 食パンは耳を切り除き、8mm角くらいに切り、豆乳とともに耐熱ボールに入れ、ふわりとラップをかけて電子レンジで1分加熱して混ぜる。

材料
・カジキ…大ブロック1個（20g）→ p.28
・さつま芋（つぶし）…大ブロック1個（20g）→ p.26

作り方
1 さつま芋は凍ったまま耐熱ボールに入れ、ふわりとラップをして電子レンジで50秒加熱する。
2 カジキは凍ったまま耐熱ボールに入れ、ふわりとラップをして電子レンジで50秒加熱する。
3 さつま芋にカジキをのせる。

つぶしブロッコリーの白ごまかけ

8倍がゆ 豆腐のせ

材料

- ブロッコリー（つぶし）…大ブロック1個（20g）➜ p.27
- すり白ごま…少量

作り方

1 ブロッコリーは凍ったまま耐熱ボールに入れ、ふわりとラップをして電子レンジで30秒加熱する。
2 ブロッコリーにすり白ごまをふる。

8倍がゆ 豆腐のせ

材料

・8倍がゆ…大ブロック2個（50g）➜ p.19
・絹ごし豆腐…30g

作り方

1 かゆは凍ったまま耐熱ボールに入れ、ふわりとラップをして電子レンジで1分加熱する。
2 豆腐は食べやすい大きさ（0.5〜1cm角くらい）に切り、耐熱ボールに入れ、ふわりとラップをして50秒加熱する。
3 かゆに豆腐をのせる。

8倍がゆ くずし卵のせ
煮りんご

材料

- 8倍がゆ…大ブロック2個（50g）➡ p.19
- 卵黄（ゆで）…小ブロック1個（10g）➡ p.28
- 卵白（ゆで）…小ブロック1個（10g）➡ p.28

作り方

1 かゆは凍ったまま耐熱ボールに入れ、ふわりとラップをして電子レンジで1分加熱する。
2 卵黄と卵白はともに凍ったまま耐熱ボールに入れ、ふわりとラップをして電子レンジで30秒加熱する。
3 かゆに卵をのせる。

煮りんご

材料

- りんご…皮をむいて20g

作り方

1 りんごは皮をむいて端から1cm幅に切り、耐熱ボールに入れ、ふわりとラップをして電子レンジでしんなりするまで30秒加熱する。

8倍がゆ のりのせ
ヨーグルトのバナナのせ

ヨーグルトのバナナのせ

材料
・バナナ（つぶし）…小ブロック1個（10g）➡ **p.27**
・プレーンヨーグルト（無糖）…30g

作り方
1 バナナは凍ったまま耐熱ボールに入れ、ふわりと
　ラップをして電子レンジで30秒加熱する。
2 ヨーグルトにバナナをのせる。

材料
・8倍がゆ…大ブロック2個（50g）➡ **p.19**
・焼きのり…全型1/8枚

作り方
1 かゆは凍ったまま耐熱ボールに入れ、ふわりと
　ラップをして電子レンジで1分加熱する。
2 のりをもみほぐしてのせる。

8倍がゆ きな粉かけ
ささ身、つぶしブロッコリー、つぶしさつま芋

ささ身、つぶしブロッコリー、つぶしさつま芋

材料
- 鶏ささ身…大ブロック１個（20g）➡ **p.29**
- ブロッコリー（つぶし）…小ブロック１個（10g）➡ **p.27**
- さつま芋（つぶし）…小ブロック１個（10g）➡ **p.26**

作り方
1 ささ身は凍ったまま耐熱ボールに入れ、ふわりとラップをして電子レンジで30秒加熱する。
2 ブロッコリーとさつま芋は凍ったままそれぞれ耐熱ボールに入れ、ふわりとラップをして電子レンジで各30秒加熱する。

材料
- ８倍がゆ…大ブロック２個（50g）➡ **p.19**
- きな粉…少量

作り方
1 かゆは凍ったまま耐熱ボールに入れ、ふわりとラップをして電子レンジで１分加熱する。
2 かゆにきな粉をふる。

栄養 memo
冷凍した食材を個別に加熱するのは面倒ですが、混ぜて加熱すると嫌なものが１つでもあったときに全部食べないことになります。個別に加熱して、食べる際にそれぞれ少し食べさせて、どれも食べるのを確認してから混ぜるようにしましょう。

8倍がゆ 納豆のせ
にんじんペースト、刻み豆腐

材料
- 8倍がゆ…大2ブロック2個（50g）➡ p.19
- 納豆…大さじ1/2

作り方
1. かゆは凍ったまま耐熱ボールに入れ、ふわりとラップをして電子レンジで1分加熱する。
2. 納豆をかゆにのせる。

栄養memo トライ＆エラー

納豆は最初はひきわり納豆を使うとよいでしょう。食べないときは、湯をかけて粘りや香りを流して納豆特有のクセを軽減してみてください。それでも食べないときはさらに細かく刻んでみましょう。
新しい食材をトライするときは食べ慣れているものや好物のものと一緒に食べさせるとよいようです。

にんじんペースト、刻み豆腐

材料
- にんじん（ペースト）…大ブロック1個（20g）➡ p.26
- 絹ごし豆腐…20g

作り方
1. にんじんは凍ったまま耐熱ボールに入れ、ふわりとラップをして電子レンジで30秒加熱する。
2. 豆腐は食べやすい大きさ（0.5〜1cm角くらい）に切り、耐熱ボールに入れ、ふわりとラップをして30秒加熱する。
3. にんじんに豆腐をのせる。

8倍がゆ 青のりがけ
さき身、つぶしさつま芋

材料
- 8倍がゆ…大ブロック2個（50g）**→ p.19**
- 青のり…少量

作り方
1 かゆは凍ったまま耐熱ボールに入れ、ふわりとラップをして電子レンジで1分加熱する。
2 かゆに青のりをふる。

さき身、つぶしさつま芋

材料
- 鶏さき身…小ブロック1個（10g）**→ p.29**
- さつま芋（つぶし）…大ブロック1個（20g）**→ p.26**

作り方
1 さき身は凍ったまま耐熱ボールに入れ、ふわりとラップをして電子レンジで30秒加熱する。
2 さつま芋は凍ったまま耐熱ボールに入れ、ふわりとラップをして電子レンジで30秒加熱する。

8倍がゆ 白菜のせ
キャベツとシラス干し 削りガツオかけ

キャベツとシラス干し 削りガツオかけ
材料
- ・キャベツ…小ブロック1個（10g）➡ **p.26**
- ・シラス干し…5g
- ・削りガツオ…ひとつまみ

作り方
1. キャベツは凍ったまま耐熱ボールに入れ、ふわりとラップをして電子レンジで30秒加熱する。
2. シラス干しは熱湯に塩味がなくなるまで浸し、刻む。
3. キャベツとシラス干しに削りガツオをふる。

材料
- ・8倍がゆ…大ブロック2個（50g）➡ **p.19**
- ・白菜（刻み）…小ブロック1個（10g）➡ **p.26**

作り方
1. かゆは凍ったまま耐熱ボールに入れ、1分加熱する。
2. 白菜は凍ったまま耐熱ボールに入れ、ふわりとラップをして電子レンジで各30秒加熱する。
3. かゆに白菜をのせる。

8倍がゆ シラス干しのせ
にんじんペーストのヨーグルトサラダ

にんじんペーストのヨーグルトサラダ

材料
- にんじん（ペースト）…小ブロック1個（10g）→ p.26
- プレーンヨーグルト（無糖）…20〜30g

作り方
1 にんじんは凍ったまま耐熱ボールに入れ、ふわりとラップをして電子レンジで30秒加熱する。
2 プレーンヨーグルトににんじんをのせる。

材料
- 8倍がゆ…大ブロック3〜4個（80g）→ p.19
- シラス干し…10g

作り方
1 かゆは凍ったまま耐熱ボールに入れ、ふわりとラップをして電子レンジで1分〜1分30秒加熱する。
2 シラス干しは熱湯に塩味がなくなるまで浸し、刻む。
3 かゆにシラス干しをのせる。

カジキとつぶしブロッコリーの きな粉あえ　8倍がゆ

材料
- カジキ…大ブロック1個（20g）➜ p.28
- ブロッコリー（つぶし）…大ブロック1個（20g）➜ p.27
- きな粉…少量

作り方
1. カジキは凍ったまま耐熱ボールに入れ、ふわりとラップをして電子レンジで30秒加熱する。
2. ブロッコリーは凍ったまま耐熱ボールに入れ、ふわりとラップをして電子レンジで30秒加熱する。
3. カジキとつぶしブロッコリーにきな粉をかける。

8倍がゆ

材料
- 8倍がゆ…大ブロック3～4個（80g）➜ p.19

作り方
1. かゆは凍ったまま耐熱ボールに入れ、ふわりとラップをして電子レンジで1分～1分30秒加熱する。

豆腐とにんじんのとろみ煮
8倍がゆ シラス干しのせ

8倍がゆ シラス干しのせ

材料
・8倍がゆ…大ブロック3個（60g）➡ p.19
・シラス干し…2g

作り方
1 かゆは凍ったまま耐熱ボールに入れ、ふわりとラップ
　をして電子レンジで1分加熱する。
2 シラス干しは熱湯に塩味がなくなるまで浸し、刻む。
3 かゆにシラス干しをのせる。

材料
・絹ごし豆腐…30g
・にんじん（刻み）…大ブロック1個（20g）➡ p.26
┌ かたくり粉…小さじ1/4
└ 水…大さじ2と1/2

作り方
1 豆腐は5mm角くらいに切る。
2 にんじんは凍ったまま耐熱ボールに入れ、ふわりとラップを
　して電子レンジで30秒加熱する。
3 耐熱ボールに水とかたくり粉を混ぜ合わせて、豆腐とにんじ
　んを加えて混ぜ、電子レンジで2分加熱し、よく混ぜる。

じゃが芋とカジキの青のりあえ

8倍がゆ

8倍がゆ

材料
・8倍がゆ…大ブロック3個（60g）➡ **p.19**

作り方
1 かゆは凍ったまま耐熱ボールに入れ、ふわりとラップをして電子レンジで1分加熱する。

材料

・じゃが芋…大ブロック1個（20g）➡ **p.26**
・カジキ…大ブロック1個（20g）➡ **p.28**
・青のり…少量

作り方

1 じゃが芋は凍ったまま耐熱ボールに入れ、ふわりとラップをして電子レンジで30秒加熱する。温かいうちにあらくつぶす。
2 カジキは凍ったまま耐熱ボールに入れ、ふわりとラップをして電子レンジで30秒加熱する。
3 じゃが芋とカジキに青のりを散らす。

離乳食日記 モグモグ期
10 週間目

・にんじん、
　シラス干し
・納豆、小松菜
・うどん（ゆで）
　（細かく刻んで
　水でやわらかく
　煮る）

・にんじん、
　シラス干し
・8倍がゆ＋
　ほうれん草＋
　きな粉
・コーンポタージュ
　（市販品）

・ブロッコリー
・8倍がゆ＋納豆
・じゃが芋

・8倍がゆ＋
　シラス干し
・キャベツ
・バナナ、ヨーグルト

・8倍がゆ＋
　シラス干し
・ブロッコリー、
　かぼちゃ、
　きな粉

・レトルト雑炊
・かぼちゃ、
　ほうれん草、
　シラス干し

初！ レトルト雑炊

・8倍がゆ＋
　シラス干し
・ほうれん草、
　かぼちゃ、
　きな粉

・8倍がゆ＋小松菜
・白菜、にんじん、
　きな粉

・白菜、にんじん、
　シラス干し
・大根、小松菜
・8倍がゆ＋納豆

・8倍がゆ＋シラス干し
・にんじん、小松菜、きな粉

・8倍がゆ＋納豆 ・ブロッコリー、白菜

・8倍がゆ＋きな粉
・にんじん、ブロッコリー、シラス干し

・8倍がゆ・かぶとほうれん草のすり流し

・白菜、じゃが芋
・8倍がゆ＋
　にんじん＋きな粉

・8倍がゆ＋きな粉
・かぼちゃ、
　シラス干し

11 週間目

・8倍がゆ＋
　シラス干し
・かぼちゃ

・8倍がゆ＋
　白菜
・ブロッコリー、
　ヨーグルト

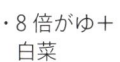

卵黄スタート！

・8倍がゆ＋小松菜
　＋卵黄
・ブロッコリー、
　きな粉
・にんじん、
　シラス干し

・8倍がゆ＋かぶ＋
　青のり
・じゃが芋、白菜

・にんじん、白菜
・8倍がゆ
　＋きな粉
・大根、納豆

・8倍がゆ＋
　シラス干し
・じゃが芋、
　ブロッコリー、
　ヨーグルト

・8倍がゆ＋卵黄
・にんじん

・8倍がゆ＋納豆
・かぶ、かぶの葉

- 8倍がゆ＋卵黄
- にんじん、バナナ、ヨーグルト

- 8倍がゆ＋マグロ
- にんじん、ブロッコリー

- 8倍がゆ＋ツナ
- 白菜、ほうれん草

- じゃが芋、ブロッコリー
- 8倍がゆ＋ささ身

・8倍がゆ＋マグロ＋青のり
・ブロッコリー

・8倍がゆ＋ささ身＋にんじん
・バナナ、きな粉

- ブロッコリー、ささ身
- 8倍がゆ＋さつま芋＋のり

- 8倍がゆ＋マグロ＋青のり
- にんじん、かぼちゃ

13 週間目

- 8倍がゆ＋マグロ
- さつま芋、ブロッコリー

- 8倍がゆ＋青のり
- ささ身、にんじん、ブロッコリー

- 8倍がゆ＋ブロッコリー
- 豆腐のかぼちゃ煮、シラス干し

- 8倍がゆ＋マグロ＋青のり
- バナナ、さつま芋、きな粉

・8倍がゆ＋
　シラス干し
・ブロッコリー、
　きな粉

のりスタート！

・8倍がゆ＋のり
・ブロッコリー、
　ささ身

・8倍がゆ
・にんじん、
　シラス干し

・8倍がゆ＋
　シラス干し
・豆腐とにんじんの
　とろみ煮

・8倍がゆ＋
　にんじん
・ブロッコリー、
　ささ身

・8倍がゆ＋
　にんじん
・バナナ、
　ヨーグルト、
　きな粉

・ブロッコリー、
　のり
・8倍がゆ＋
　ささ身＋さつま芋

・8倍がゆ＋
　にんじん＋青のり
・さつま芋、
　かぼちゃ、バナナ

・8倍がゆ＋
　シラス干し＋
　ブロッコリー
・バナナ、さつま芋、
　ヨーグルト

・さつま芋、
　ほうれん草
・8倍がゆ＋ツナ

- 8倍がゆ+サケ
- かぼちゃ、ほうれん草、きな粉

- 8倍がゆ+ほうれん草
- かぼちゃスープ、ささ身、サケ

- ほうれん草がゆ+ささ身
- さつま芋ヨーグルト

- 8倍がゆ+青のり
- サケとブロッコリーのすり流し

14 週間目

- 8倍がゆ+豆腐と青のりのあんかけ+おかか
- さつま芋、バナナ、きな粉

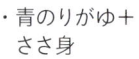

- 8倍がゆ+サケ+ほうれん草
- さつま芋、ヨーグルト、きな粉

- 青のりがゆ+ささ身
- さつま芋、ヨーグルト

- 8倍がゆ+にんじん+青のり
- ささ身、かぼちゃ

① ②

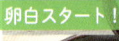
卵白スタート！

③

① ②

① ②

③

①・8倍がゆ+ささ身+にんじん+卵黄+卵白少々
・バナナ、さつま芋、ヨーグルト
②・ほうれん草、かぼちゃ
・8倍がゆ+サケ+大根
③・8倍がゆ+さつま芋+ブロッコリー

①・8倍がゆ+サケのあんかけ・じゃが芋のミルクスープ、卵黄
②・8倍がゆ+シラス干し+納豆・かぼちゃ、にんじん
③・8倍がゆ+ブロッコリー・りんご

・8倍がゆ＋卵黄、
　ささ身
・バナナ、
　ほうれん草、
　ヨーグルト

・8倍がゆ＋卵黄
・かぼちゃ、ささ身、
　ブロッコリー

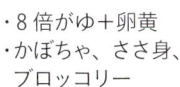

少しずつ黄身増量。

・ブロッコリー＋
　サケ
・バナナ、ヨーグルト
・8倍がゆ＋卵黄

・8倍がゆ＋マグロ
・さつま芋、
　ほうれん草、
　きな粉

・バナナ、さつま芋、ヨーグルト
・豆乳がゆ＋ささ身＋ほうれん草

・かぼちゃがゆ
・ブロッコリー、サケ

初！3回食

①・8倍がゆ＋さつま芋＋
　のり・麦茶・ささ身、ブロッ
　コリー
②・8倍がゆ＋にんじん＋
　キャベツ
③・ミルクがゆ・ほうれん
　草の煮物＋サケ

15 週間目

卵スタート！

・かぼちゃがゆ＋
　ゆで卵
・ヨーグルト、
　バナナ

・8倍がゆ＋
　ブロッコリー＋
　さつま芋
・りんご
・豆腐のとろみ煮、
　にんじん

①・ブロッコリーのささ身
　あんかけ・8倍がゆ＋かぼ
　ちゃ
②・にんじん、キャベツ
・りんご・サケの豆乳雑炊
③・8倍がゆ＋さつま芋
・バナナ

79

・8倍がゆ＋ささ身＋青のり
・にんじん、バナナ、
　ヨーグルト

・8倍がゆ＋ブロッコリー
・さつま芋（皮入り）

・8倍がゆ＋さつま芋
・干し芋

・8倍がゆ＋ささ身＋青のり
・バナナ、きな粉
・ブロッコリー

・かぼちゃ＋にんじん　・りんご　・8倍がゆ＋シラス干し

・8倍がゆ＋サケ＋にんじん
・にんじん、さつま芋、ヨーグルト

・キャベツ、
　かぼちゃ
・バナナ、
　ヨーグルト
・市販のレトルトのタイがゆ

・りんご　・8倍がゆ＋にんじん＋さつま芋

・バナナ
・8倍がゆ＋かぼちゃ＋
　ほうれん草

・8倍がゆ＋ささ身＋キャベツ
・バナナ
・筑前煮（レトルト）＋ブロッ

・バナナ、ヨーグルト　・8倍がゆ＋シラス干し＋ブロッコリー

・サケがゆ・バナナ　　　　・りんご
・ブロッコリー、キャベツ　・8倍がゆ＋にんじん＋青のり
　　　　　　　　　　　　　・かぼちゃのささ身あんかけ

・りんご、ヨーグルト　　　・8倍がゆ＋シラス干し
・8倍がゆ＋ゆで卵＋　　　・ブロッコリーのかぼちゃあえ
　にんじん　　　　　　　　・バナナ

妻が息子を連れて
実家に帰省中

・レトルト雑炊

・にんじん、ブロッコリー、かぼちゃ
・8倍がゆ＋サケのあんかけ

16 週間目

・バナナ
・8倍がゆ＋かぼちゃ＋
　ブロッコリー

・にんじん、バナナ、
　ヨーグルト
・8倍がゆ＋ささ身＋
　ブロッコリー

・8倍がゆ＋
　ささ身
・さつま芋、
　ブロッコリー
・バナナ

・りんご、ヨーグルト
・8倍がゆ（ゆるめ）＋サケ＋ほうれん草

・8倍がゆ＋シラス干し・にんじん、さつま芋

うんちも成長します！

赤ちゃんとしてできることがどんどん増えていきます。うんちもだいぶ、人間らしい匂いになってきていて成長を感じます。おむつをかえるのも成長が確認できるうれしい？作業です。

今食べなくたって、いつかは食べられるようになる

食が細くても、食べないなーと落ち込まずに、きっと小学生くらいになるころにはある程度食べられるようになるだろうな、というくらいの気持ちで、まったりとやってもらえたらと思います。

食事は30分でタイムアップ

食事時間は、食事を出してから30分までと時間を区切っていました。それ以上は赤ちゃんの集中力が持たないからです。切り替えの時間を持っておくとよいです。食べすぎることもありますが、成長曲線を鑑みつつ、ドクターに相談してみるのもひとつの手でした。

手間も時間もかかる新たな壁期間

3回食になり、ゆるやかにペースアップ。離乳食のための負担が増えます。食べさせるタイミングを決めるなど、食事について家族でルールを作って壁を乗り越えましょう。

初めての食材は、病院が空いている平日日中にトライ

食事が3回になり、食事の準備も大変になっていくころです。食材の種類が増えてきますが、初めてのものが苦手でも、少しずつ食卓に出して、慣れていってもらいましょう。アレルギーがあるものも登場する時期になりますので、初めての食材は少量から始め、病院の空いている平日の日中にトライするようにしましょう。

散らかしてもいいように、新聞紙やシートを敷いて万全の策を

成長に個体差が出る時期だと思うので、歯の生え具合で食べ物のかたさを調整したり、手づかみ食べが激しく、床やテーブルに散らかしたりすることがあると思います。うちもそうでした。食事に興味があるのはいいことと思いながら、どうすると片づけがスムーズかなーと考えながら、新聞紙を広げて食事の準備をしてました。散らかすことは当たり前、と割り切りましょう。

カミカミ期

はじめての食材

サバ

脂身の多い青背魚もこのころから与えてみましょう。ただし、アレルギーが出やすい食材なので、しっかりと火を通し、食べさせるタイミングにも気をつけて。病院が開いている平日の日中がよいでしょう。

ひき肉

脂身の少ないものを選んで使いましょう。鶏→牛→豚の順に慣らしていくのがおすすめ。

バター

料理にコクを与えてくれます。油脂と塩分を含むので使いすぎないように注意しましょう。

食パン

米の代わりにエネルギー源になってくれる食材です。つかみ食べを始める時期なので、適当な大きさに切って与えてみましょう。最初は耳は除き、少しずつつけるようにしていきましょう。また、パンには塩分があるので、3回のうち1回くらいにとどめておきましょう。

ブロッコリーのミルクがゆ
バナナヨーグルト

バナナヨーグルト

材料
・バナナ…1/10 本（10g）
・プレーンヨーグルト（無糖）…80g

作り方
1 バナナは食べやすく切って 耐熱ボールに入れ、ふわりとラップをして電子レンジで 30 秒ほど加熱する。
2 ヨーグルトにバナナをのせる。

材料
・6 倍がゆ…大ブロック 3 〜 4 個（80g）➡ p.19
・ブロッコリー（つぶし）…小ブロック 2 個（30g）➡ p.27
・牛乳…大さじ 2 〜 3（30 〜 45g）
・粉チーズ…少量

作り方
1 かゆは凍ったまま耐熱ボールに入れ、ふわりとラップをして電子レンジで 1 分〜 1 分 30 秒加熱する。
2 ブロッコリーは凍ったまま耐熱ボールに入れ、ふわりとラップをして電子レンジで 1 分加熱する[※]。
3 1 に 2 を合わせて牛乳を加えて軽く混ぜ、ふわりとラップをして電子レンジで 30 秒ほど加熱する。器に盛って粉チーズをふる。

※かゆとブロッコリーをいっしょに加熱するなら、耐熱ボールにともに入れて電子レンジで 2 分ほど加熱する。

6倍がゆ サケのあんかけ
小松菜のごまあえ

小松菜のごまあえ

材料
・小松菜（刻み）…小ブロック2個（30g）→ p.26
・しょうゆ…ミニスプーン1/2弱（0.5g）
・すり白ごま…小さじ1/4

作り方
1 小松菜は凍ったまま耐熱ボールに入れ、ふわりとラップをして電子レンジで30秒加熱する。
2 軽く汁けをきり、しょうゆとごまであえる。

材料
・6倍がゆ…大ブロック3〜4個（80g）→ p.19
・サケ…小ブロック1個（15g）→ p.28
┌水…大さじ2と1/2
└かたくり粉…小さじ1/4

作り方
1 サケは凍ったまま耐熱ボールに入れ、ふわりとラップをして電子レンジで30秒加熱する。
2 1に水どきかたくり粉を加えてよく混ぜ、ラップをせずに電子レンジで1分〜1分30秒ほど加熱してよく混ぜる。
3 かゆは凍ったまま耐熱ボールに入れ、ふわりとラップをして電子レンジで1分〜1分30秒加熱する。
4 かゆに2のサケのあんかけをかける。

かぼちゃの豚肉あんかけ

つかみ大根、6倍がゆ

6倍がゆ

材料

・6倍がゆ…大ブロック 3 〜 4 個（80g）➡ p.19

作り方

1　かゆは凍ったまま耐熱ボールに入れ、ふわりとラップをして電子レンジで 1 分〜 1 分 30 秒加熱する。

材料

・豚肉…小ブロック 1 個（15g）➡ **p.29**

・かぼちゃ（角切り）…大ブロック 1 個（20 〜 30g）➡ **p.27**

A

├─水…大さじ 2 と 1/2

├─しょうゆ…ミニスプーン 1/2 弱（0.5g）

└─かたくり粉…小さじ 1/4

作り方

1　豚肉は凍ったまま耐熱ボールに入れ、ふわりとラップをして電子レンジで 30 秒加熱する。かぼちゃは凍ったまま耐熱ボールに入れ、ふわりとラップをして電子レンジで 40 秒加熱する。

2　豚肉に A を加えてよく混ぜ、ラップをせずに 1 分〜 1 分 30 秒ほど加熱して、よく混ぜる。

3　かぼちゃに 2 の豚肉あんをかける。

つかみ大根

材料

・大根（棒状）…3 本（15g）➡ **p.26**

作り方

1　大根はラップごと凍ったまま耐熱ボールに入れ、電子レンジで 30 秒加熱する。

ツナとじゃが芋のトマト煮
6倍がゆ、りんごヨーグルト

材料
- ツナの水煮…小ブロック１個（15g） ➡ p.28
- じゃが芋（角切り）…大ブロック１個（20g） ➡ p.26
- トマトの水煮…小ブロック１個（15g） ➡ p.28
- 塩…ごく少量

作り方
1 すべての材料を凍ったまま耐熱ボールにともに入れ、ふわりとラップをして電子レンジで１分加熱し、全体を混ぜる。

りんごヨーグルト

材料
- りんご…小ブロック１個（15g） ➡ p.27
- プレーンヨーグルト（無糖）…50g

作り方
1 りんごは凍ったまま耐熱ボールに入れ、電子レンジで30秒加熱し、さます。
2 ヨーグルトにりんごをのせる。

6倍がゆ

材料
- 6倍がゆ…大ブロック３〜４個（80g） ➡ p.19

作り方
1 かゆは凍ったまま耐熱ボールに入れ、ふわりとラップをして電子レンジで１分〜１分30秒加熱する。

にんじんとツナの 6 倍がゆ
かぼちゃのほうれん草ペースト

かぼちゃのほうれん草ペースト

材料
- かぼちゃ（ペースト）…大ブロック 1 個（20g）→ **p.27**
- ほうれん草（ペースト）…小ブロック 1 個（15g）→ **p.26**

作り方
1. かぼちゃとほうれん草は凍ったままそれぞれ耐熱ボールに入れ、ふわりとラップをして電子レンジで各 30 秒加熱する。
2. かぼちゃにほうれん草を 1/3 量（5g）程度をのせる。

材料
- 6 倍がゆ…大ブロック 3 〜 4 個（80 〜 90g）→ **p.19**
- にんじん（つぶし）…小ブロック 1 個（15g）→ **p.26**
- ツナの水煮…小ブロック 1 個（15g）→ **p.28**

作り方
1. すべての材料を凍ったまま耐熱ボールに入れ、ふわりとラップをして電子レンジで 1 分加熱し、全体を混ぜる。

豆乳パンがゆ
ブロッコリーのいり卵あえ、つかみにんじん

材料
- 食パン※…8枚切り2/3枚
- 豆乳…大さじ2（30g）

※食パンは余ったものや半端なものは食べやすく切ってラップで包み、冷凍しておくとよい。

作り方
1. 食パンは1cm角に切って豆乳とともに耐熱ボールに入れ、ふわりとラップをして電子レンジで30秒加熱し、さっくりと混ぜる。

つかみにんじん

材料
- にんじん（棒状）…4本（10g） ➡ p.26

作り方
1. にんじんはラップごと凍ったまま耐熱ボールに入れ、電子レンジで30秒加熱する。

ブロッコリーのいり卵あえ

材料
- ブロッコリー（つぶし）…大ブロック1個（20g） ➡ p.27
- いり卵…小ブロック1個（15g） ➡ p.28
- オリーブ油…小さじ1/4

作り方
1. ブロッコリーといり卵は凍ったまま耐熱ボールに入れ、ふわりとラップをして電子レンジで30秒加熱する。
   オリーブ油を加えて軽く混ぜる。

サケとブロッコリーのかぼちゃミルク煮
食パン、バナナ

バナナ
作り方
1 バナナ 1/10 本（10g）は食べやすく切る。

食パン
材料
・食パン…8 枚切り 2/3 枚
作り方
1 食パンは耳を切り落とし、赤ちゃんがつかみやすい大きさに切る。棒状に切るとつかみやすい。

材料
・サケの水煮…小ブロック 1 個（15g）➡ p.28
・ブロッコリー（つぶし）…小ブロック 1 個（15g）➡ p.27
・かぼちゃ（角切り）…小ブロック 1 個（15g）➡ p.27
・牛乳…大さじ 2（30g）
・粉チーズ…小さじ 1/2（1g）

作り方
1 サケ、ブロッコリー、かぼちゃは凍ったまま耐熱ボールに入れ、ふわりとラップをして電子レンジで 40 秒加熱する。

2 1に牛乳を加え、ふわりとラップをしてさらに電子レンジで 30 秒ほど加熱する。

3 2を器に盛り、粉チーズをふる。

カジキと小松菜バター蒸し
トマトがゆ

栄養memo

この時期から、調味が始まります。塩を使う最初のときはほんの少しの量から始めてください。ひとつまみでも多く、耳かき1/4量くらいでも塩味は充分効きます。

トマトがゆ

材料

・6倍がゆ…大ブロック3〜4個（80g）➡ p.19
・トマトの水煮…大ブロック1個（25g）➡ p.28

作り方

1 かゆとトマトの水煮は凍ったまま耐熱ボールに入れ、ふわりとラップをして電子レンジで1分〜1分30秒加熱し、ひと混ぜする。

材料

・カジキ…大ブロック1個（20g）➡ p.28
・小松菜（刻み）…大ブロック1個（20g）➡ p.26
・バター…小さじ1/2（2g）
・塩…少量（0.1g）

作り方

1 カジキと小松菜は凍ったまま耐熱ボールに入れ、バターをのせてふわりとラップをして電子レンジで30秒加熱する。
2 塩をふる。

サケののりおにぎり
大根とにんじんのみそ汁

大根とにんじんのみそ汁

材料
- 大根（角切り）…小ブロック1個（10g）➡ p.26
- にんじん（角切り）…小ブロック1個（10g）➡ p.26
- 水（またはだし）…大さじ3（45g）
- みそ…小さじ1/6（1g）

作り方
1 大根とにんじんは凍ったまま水とともに耐熱ボールに入れ、ふわりとラップをして電子レンジで30秒加熱する。
2 みそをとき入れる。

材料
- 4倍がゆ…大ブロック3～4個（80～90g）➡ p.19
- サケ…大ブロック1個（20g）➡ p.28
- のり…全型1/3枚

作り方
1 サケは凍ったまま耐熱ボールに入れ、ふわりとラップをして電子レンジで30秒加熱する。
2 かゆは凍ったまま耐熱ボールに入れ、ふわりとラップをして電子レンジで1分～1分30秒加熱する。
3 1のサケをほぐし、2のかゆに混ぜ、小さな一口大に丸めて、ちぎったのりで包む。

サケとキャベツのみそあえ
かぼちゃごはん、つかみにんじん

材料
- サケ…大ブロック1個（20g）➡ p.28
- キャベツ…大ブロック1個（20g）➡ p.26
- みそ…小さじ1/6（1g）

作り方
1 サケとキャベツは凍ったまま耐熱ボールに入れ、ふわりとラップをして電子レンジで1分加熱する。
2 みそを加えて全体にからめる。

つかみにんじん

材料
- にんじん（棒状）…4本（10g）➡ p.26

作り方
1 にんじんはラップごと凍ったまま耐熱ボールに入れ、電子レンジで30秒加熱する。

かぼちゃごはん

材料
- 4倍がゆ…大ブロック3〜4個（80g）➡ p.19
- かぼちゃ（角切り）…大ブロック1個（20g）➡ p.27

作り方
1 かゆとゆでかぼちゃは凍ったまま耐熱ボールに入れ、ふわりとラップをして電子レンジで1分〜1分30秒加熱し、かぼちゃをくずしながら全体を混ぜる。

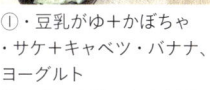

①・豆乳がゆ＋かぼちゃ
・サケ＋キャベツ・バナナ、ヨーグルト
②・さつま芋、にんじん、キャベツ・バナナ・6倍がゆ＋ささ身・麦茶
③・トマトがゆ＋小松菜
・バナナ、かぼちゃ

①・ゆで卵とにんじんのあえ物・りんごヨーグルト・6倍がゆ＋キャベツ・麦茶
②・6倍がゆ＋さつま芋
・ささ身、トマト、キャベツ
・麦茶
③・りんご

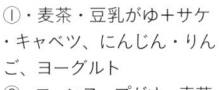

①・麦茶・豆乳がゆ＋サケ
・キャベツ、にんじん・りんご、ヨーグルト
②・コーンスープがゆ・麦茶
・にんじんのとろみ煮、ささ身、のり・りんご
③・6倍がゆ＋青のり・麦茶
・にんじんのポタージュ、小松菜

①・トマトがゆ＋ささ身・りんご・かぼちゃ、キャベツ
②・かぼちゃ・バナナ・にんじんがゆ＋ささ身＋青のり
③・りんご・かぼちゃの豆乳がゆ＋ほうれん草

・サケと
　ブロッコリーの
　豆乳とろみ煮
・りんご、ヨーグルト
・6倍がゆ＋
　かぼちゃ

・6倍がゆ＋
　かぼちゃ＋
　ほうれん草
・バナナ

・6倍がゆ＋のり
・ささ身の
　かぼちゃあえ
・バナナ、ヨーグルト

・トマト豆乳がゆ＋
　プロセスチーズ
・さつま芋、サケ、
　ブロッコリー

プロセスチーズ スタート！

95

18 週間目

①・6倍がゆ＋青のり・ツナとじゃが芋のトマト煮・りんご、ヨーグルト
②・サケのひじきの混ぜおかゆ・かぼちゃを市販のコーンスープと合わせて
③・ささ身とほうれん草とかぼちゃクリームのパスタ・りんご

①・バナナ、ヨーグルト・6倍がゆ＋シラス干し＋のり・ほうれん草の豆乳スープ
②・カジキ、にんじん、ほうれん草・6倍がゆ＋じゃが芋＋青のり
③・ひき肉のトマト煮、さつま芋・りんご・6倍がゆ

①・キウイ、ヨーグルト・4色丼（6倍がゆ＋鶏ひき肉＋いり卵＋ほうれん草＋にんじん）・かぼちゃ
②・6倍がゆ＋ささ身＋いり卵＋ほうれん草・さつま芋、ヨーグルト
③・6倍がゆ・カジキのトマト煮、かぼちゃ

①・6倍がゆ＋ささ身＋にんじん・みかん・青梗菜のさつま芋あえ
②・6倍がゆ＋いり卵＋にんじん
③・パン豆乳がゆ・サケ、ほうれん草、かぼちゃ・バナナ

19 週間目

①・キャベツとかぼちゃの豆乳煮・6倍がゆ＋シラス干し＋いり卵・りんご
②・りんご、ヨーグルト・うどん＋ひき肉＋ほうれん草・にんじん
③・大根・6倍がゆ・ささ身、キャベツ、にんじん

①・6倍がゆ＋マグロ・ほうれん草、キャベツ
②・6倍がゆ・ブロッコリー・ひき肉とじゃが芋のにんじんあえ
③・6倍がゆ＋サケ＋小松菜・にんじん、大根

①・うどん＋マグロ＋ほうれん草・さつま芋、バナナ、ヨーグルト

②・玉ねぎの卵とじ丼（6倍がゆ）・小松菜

③・りんご・にんじんとマグロの混ぜおかゆ・かぼちゃのほうれん草がけ

①・バナナ、ヨーグルト・6倍がゆ＋ささ身＋トマト＋さつま芋＋青のり

②・サケとほうれん草のクリームパスタ・にんじん、じゃが芋

③・りんご・6倍がゆ＋いり卵＋シラス干し・かぼちゃ、ほうれん草

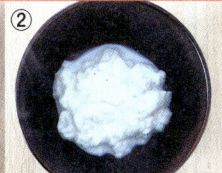

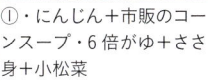

①・にんじん＋市販のコーンスープ・6倍がゆ＋ささ身＋小松菜

②・パンがゆ

③・ささ身とキャベツのトマト煮＋チーズ・かぼちゃの豆乳スープ・6倍がゆ

ごまスタート！

①・シラス干し、ブロッコリー、にんじん・バナナ・パン豆乳がゆ＋いり卵

②・小松菜のごまあえ・6倍がゆ＋サケ＋さつま芋＋青のり

③・ほうれん草のかぼちゃあえ・ひき肉とブロッコリーとさつま芋のあんかけおかゆ

①・にんじん、大根・ほうれん草、いり卵・6倍がゆ＋ささ身

②・にんじんといり卵のうどん・ブロッコリー、かぼちゃ、ヨーグルト、おかか

③・6倍がゆ＋ブロッコリー・りんご、ヨーグルト・カジキとじゃが芋のトマト煮

①・パンがゆ＋いり卵・ブロッコリー、じゃが芋、ヨーグルト

②・6倍がゆ＋牛ひき肉＋大根・バナナ、きな粉・ほうれん草

③・ひじきがゆ＋サケ・りんご・ブロッコリーとパプリカのあえ物、にんじん

97

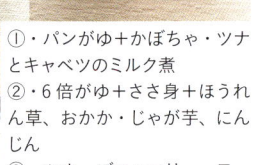

①・パンがゆ＋カジキ＋小松菜・りんご、ヨーグルト
②・うどん＋サケ＋ほうれん草・さつま芋、じゃが芋
③・ささ身、ブロッコリー、にんじん・バナナ、きな粉・6倍がゆ＋おかか

①・パンがゆ＋かぼちゃ・ツナとキャベツのミルク煮
②・6倍がゆ＋ささ身＋ほうれん草、おかか・じゃが芋、にんじん
③・ツナ、ブロッコリー、ヨーグルト・みかん・大根汁うどん

・ツナのりおにぎり
・バナナ、きな粉
・大根とにんじんのおかかあえ

・にんじん
・6倍がゆ＋サケ
・ブロッコリーのかぼちゃサラダ

みそスタート！

①・パン豆乳がゆ＋ささ身＋ブロッコリー・ほうれん草のかぼちゃあえ・みかん
②・6倍がゆ＋いり卵・ほうれん草のおかかあえ・大根、にんじん
③・大根、にんじん・6倍がゆ＋さつま芋・サケとブロッコリーのごまみそあえ

①・パン・りんご・さつま芋とにんじんのヨーグルトサラダ・小松菜のおかかあえ
②・6倍がゆ＋ブロッコリー＋いり卵＋おかか・りんご・豆腐＋にんじんと大根のみそ汁
③・6倍がゆ・ツナ、ブロッコリー、じゃが芋、玉ねぎのかぼちゃスープ煮・りんご

①・6倍がゆ＋いり卵＋マグロ＋青のり・りんご・小松菜と大根とにんじんのごままぶし
②・トースト・ブロッコリー、さつま芋・ささ身と玉ねぎのミルク煮
③・6倍がゆ・さつま芋のおかかごまあえ・ブロッコリーの玉ねぎそぼろあん・りんご

20 週間目

① ・パンかためがゆ・バナナ
・ささ身、ほうれん草、にんじ
ん、ヨーグルト
② ・かぼちゃがゆ＋サケ・りんご・ブロッコリー、おかか
③ ・バナナ・キャベツのとろみかけがゆ＋ツナ

しょうゆスタート！

① ・バナナ・かぼちゃパンがゆ＋
ささ身・ブロッコリーのごまあえ、
にんじん
② ・サケとかぼちゃのクリームソース・マカロニ（刻む）・いちご
・ブロッコリー、にんじん
③ ・6倍がゆ＋ささ身にしょうゆ＋
ほうれん草・りんご、ヨーグルト
・にんじん、大根

① ・ささ身、かぼちゃ、にんじん・
ブロッコリーのミルクがゆ
・バナナ、きな粉、ヨーグルト
② ・6倍がゆ＋サケ＋いり卵＋
ほうれん草・さつま芋のごまあ
え・りんご
③ ・ささ身と大根とにんじんの
みそ汁・ブロッコリーのおかか
あえ・6倍がゆ

① ・にんじんとさつま芋のおか
ああえ・いり卵とほうれん草の
おにぎり・りんごヨーグルト
② ・にんじん・ブロッコリーと
サケのチーズドリア風
③ ・6倍がゆ＋いり卵＋ツナ＋
のり・りんご・ブロッコリー、
かぼちゃ

21 週間目

① ・6倍がゆ＋シラス干し＋卵
・なすとささ身の油いため・ほう
れん草と大根のみそ汁・りんご
② ・カジキのオニオンソース、ブ
ロッコリー、にんじん・6倍がゆ
③ ・6倍がゆ＋いり卵・小松菜と
玉ねぎのかぼちゃスープ・マグ
ロと大根の煮物

① ・パンかためがゆ・ささ身、
ヨーグルト、ブロッコリー、
にんじん
② ・6倍がゆ＋のり・りんご
・サケのパンプキンヨーグル
トスープ
③ ・親子丼（6倍がゆ）・ブロッ
コリーと大根のみそ汁

①・パンほんのりがゆ・りんご、にんじんと大根のしらすあえ
②・にんじんのごまあえ・サケとほうれん草のおにぎり・バナナ
③・6倍がゆ・にんじんと大根のそぼろいため・ブロッコリーのシラス干しあえ

①・かぼちゃのごまマッシュ・バナナ・ブロッコリーといり卵のヨーグルトサラダ・パン
②・かぼちゃと玉ねぎのおかゆ・サケ、ブロッコリー、にんじん、大根
③・りんご・3色丼（6倍がゆ＋シラス干し＋いり卵＋のり）・にんじんとキャベツのおかかあえ

22 週間目

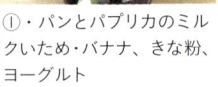

・パン
・バナナ、ヨーグルト
・サケと長芋の
　ミルク煮
　トマトソースかけ

①・パンとパプリカのミルクいため・バナナ、きな粉、ヨーグルト
②・軟飯＋ツナ・りんご・タイと野菜のあんかけ
③・軟飯＋かぼちゃ＋バター・ひき肉、パプリカ

・6倍がゆ＋サケ
・八宝菜（市販品）

①・サケとのりのおにぎり・りんご・にんじん、ほうれん草、シラス干しのあえ物
②・サケミルクがゆ・キャベツ、パプリカ・バナナ、ヨーグルト
③・ひき肉と大根の汁うどん・ほうれん草のおかかあえ

①・メロン・パン・カジキとさつま芋とほうれん草のトマト煮 粉チーズかけ
②・4倍がゆ・かぼちゃのごまあえ・なすといんげんのひき肉いため
③・サケとほうれん草のバター蒸し・4倍がゆ＋じゃが芋＋トマト

①・サケ、かぼちゃ・バナナ・6倍がゆ+ほうれん草
②・6倍がゆ・ひき肉と小松菜のトマト煮・みかん
③・6倍がゆ+さつま芋+黒ごま・キャベツのひき肉のせ

①・パンのミルクいため・りんご・サケとキャベツとかぼちゃのヨーグルトサラダ
②・6倍がゆ+さつま芋・ささ身と大根のほうれん草のあんかけ
③・6倍がゆ+にんじん・バナナ・ほうれん草とシラス干しのごまあえ

①・パン・小松菜・ひき肉、かぼちゃ、キャベツ
②・6倍がゆ+ひき肉+さつま芋・シラス干し、小松菜
③・6倍がゆ・りんご・小松菜と大根のみそ汁・鶏ひき肉、パプリカ

①・みかん・パン
②・軟飯・りんご・ツナ、キャベツ、じゃが芋
③・パプリカ、ひき肉、ケチャップライスのドリア・かぼちゃのヨーグルトサラダ

・パン、かぼちゃのチーズあえ
・りんご
・ブロッコリー

・小松菜と長芋のおかかあえ
・鶏ひき肉とかぼちゃのおかゆ

①・サケとブロッコリーのかぼちゃミルク煮・バナナ・パン
②・4倍がゆ+ささ身+ブロッコリー・バナナ、きな粉
③・トマトがゆ・カジキ、いんげん

本田ようーからパパたちへ パクパク期

バランスよくと思いつつも、赤ちゃんの食欲やペースに合わせながら進める期間

この時期は、家族の食事とあまり変わらない食事になります。ここまで来たら、パパの食事作りもベテランの域。これから先の子どもや家族の食事作りもこの調子で！

食べる食べないに一喜一憂しない

食べたり食べなかったり、昨日好きだったものが今日はぜんぜん食べなかったりと毎日のように好みも変動します。こちらもめげない程度の力の入れ具合で料理をしていきましょう。そういうときもあるな、くらいの気持ちを持って。

ネットですべて解決できるわけではありません

よりよい子育てについて、ネットで調べるのは簡単ですが、自分の子どもにぴったりマッチする答えがあるわけではありません。参考にしつつも、子どもの様子を見ながら、育児をしていきましょう。

料理をフリージングすると断然便利

フリージングにしておくことで、だいぶ、日々の負担は減らすことができますし、週末にまとめて作り置きをしたり、子どもが寝ているスキをうまくついて準備したりできるとよいですね。

家族との生活も育児も楽しもう！

食事もたいへんなことではありますが、洗濯に掃除、整理整頓と育児と家事はとても密接につながっています。パートナーや子どもといっしょに生活する上で、いいバランスを探し続けましょう。育児はまだまだ、これから。子どもの成長とともに自分も成長をしていきましょう。僕もこれからです。

おっぱいには勝てないけど……

残念ながら、男性はおっぱいは出ませんし、おっぱい（ママ）には絶対に勝てません。でも、卒乳したら、ようやく対等です。父として、夫としてできることを考えて、試して、繰り返していきましょう。

パクパク期

はじめての食材

とうもろこし

甘いので、好んで食べる子が多い食材です。食物繊維が多いので、大人が食べるときよりやや長めに加熱して使いましょう。

薄切り肉

噛みごたえのある薄切り肉も食べさせてみましょう。脂身はできるだけとり除くのがベター。

ズッキーニ

じっくり加熱すると甘みが出て食べやすくなります。煮物、焼き物など、幅広い料理に使えて便利。

豚肉団子とさつま芋と小松菜のトマト煮

食パン、メロン ｜食分 214kcal ／ 食塩相当量 0.9g

材料

- 肉団子…30g（3個）➡ p.29
- さつま芋…大ブロック1個（20g）➡ p.26
- 小松菜…小ブロック1個（10g）➡ p.26
- トマトの水煮…小ブロック1個（10g）➡ p.28

作り方

1 すべての材料を凍ったまま耐熱ボールに入れ、ふわりとラップをして電子レンジで1分加熱する。

メロン
メロン（10g）は、食べやすく切って耐熱ボールに入れ、ふわりとラップをして電子レンジで20秒ほど加熱する。

食パン
食パン（8枚切り1枚）はつかみやすい形に切る。

ほうれん草コーンバターと蒸し鶏

食パン、メロンヨーグルト

I食分 195kcal／食塩相当量 0.7g

材料

- 鶏肉…大ブロック1個（20g）➡ p.29
- ほうれん草…大ブロック1個（20g）➡ p.26
- コーン缶詰め…20g ➡ p.28
- バター…小さじ 1/4（1g）

作り方

1 鶏肉は凍ったまま耐熱ボールに入れ、ふわりとラップをして電子レンジで30秒加熱する。

2 ほうれん草は凍ったままコーンとともに耐熱ボールに入れ、ふわりとラップをして電子レンジで1分加熱し、バターを加えて軽く混ぜる。

食パン
食パン（8枚切り1枚）はつかみやすい形に切る。

メロンヨーグルト

材料
- メロン…小ブロック1個（10g）➡ **p.27**
- プレーンヨーグルト（無糖）…大さじ2（30g）

作り方
1 メロンは凍ったまま耐熱ボールに入れ、ふわりとラップをして電子レンジで20秒加熱する。
2 ヨーグルトにメロンをのせる。

アジのソテー きのこトマトソースがけ ブロッコリー添え

軟飯、にんじんとズッキーニのオイル蒸し

1食分 **241kcal** / 食塩相当量 **0.3g**

材料

- アジ…1/2尾 ➜ p.28
- 小麦粉…少量
- オリーブ油…小さじ1/2（2g）
- しめじ…小ブロック1個（10g）➜ p.27
- トマトの水煮…小ブロック1個（15g）➜ p.28
- オリーブ油…小さじ1/4（1g）
- ブロッコリー（小房）…小ブロック1個（10g）➜ p.27

作り方

1 しめじとトマトは凍ったままオリーブ油といっしょに耐熱ボールに入れ、ふわりとラップをして電子レンジで30秒加熱する。

2 ブロッコリーは凍ったまま耐熱ボールに入れ、ふわりとラップをして電子レンジで20秒加熱する。

3 アジはラップをはずさずに凍ったまま耐熱皿に入れ、電子レンジで20秒加熱して解凍する。キッチンペーパーで汁けをふき、小麦粉をまぶす。フライパンを温めて、オリーブ油を入れて中火にし、アジを皮側から約2分焼き、返してさらに1分焼いて火を通す。

4 器に3のアジを盛り、1のきのこソースをかけて2のブロッコリーを添える。

軟飯

材料
- 軟飯…80g ➜ p.19

作り方
1 軟飯はラップをはずして耐熱ボールに入れ、ふわりとラップをして電子レンジで2分加熱する。

にんじんとズッキーニのオイル蒸し

材料
・ズッキーニ（角切り）…小ブロック1個（10g）➡ p.27
・にんじん（角切り）…小ブロック1個（10g）➡ p.26
・オリーブ油…ミニスプーン1/2強（0.5g）

作り方
1　ズッキーニとにんじんは凍ったままオリーブ油とともに耐熱ボールに入れ、ふわりとラップをして電子レンジで30秒加熱し、ひと混ぜする。

牛肉のハヤシライス
かぼちゃとキャベツのヨーグルトサラダ

1食分 **211kcal** ／ 食塩相当量 **0.6g**

材料

- 牛薄切り肉…大ブロック1個（20g） ➡ p.29
- ブロッコリー（小房）…小ブロック1個（10g） ➡ p.27
- しめじ…小ブロック1個（10g） ➡ p.27

A
- ┬ トマトケチャップ…小さじ1
- ├ 中濃ソース…小さじ1
- ├ 水…大さじ1と1/2（20g）
- ├ バター…小さじ1/2（2g）
- └ 小麦粉…小さじ2/3（2g）
- 軟飯…80g ➡ p.19

作り方

1 牛肉、ブロッコリー、しめじは凍ったまま耐熱ボールに入れ、ふわりとラップをして電子レンジで1分加熱する。

2 Aを加えてよく混ぜ、ふわりとラップをしてさらに電子レンジで2分ほど加熱し、混ぜ合わる。

3 軟飯はラップをはずして耐熱ボールに入れ、ふわりとラップをして電子レンジで2分加熱する。

4 器に軟飯を盛り、2をかける。

かぼちゃとキャベツのヨーグルトサラダ

材料
- かぼちゃ（角切り）…小ブロック1個（10g） ➡ p.27
- キャベツ（刻み）…小ブロック1個（10g） ➡ p.26
- プレーンヨーグルト（無糖）…大さじ1/2

作り方

1 かぼちゃとキャベツは凍ったまま耐熱ボールに入れ、ふわりとラップをして電子レンジで30秒加熱し、さます。

2 ヨーグルトでかぼちゃとキャベツをあえる。

12〜18か月

豚肉、ズッキーニ、しいたけのチャーハン風

かぼちゃと長芋のマッシュサラダ

1食分 **191kcal** ／ 食塩相当量 **0.2g**

材料

- 軟飯…80g ➡ p.19
- 豚肉…大ブロック1個（20g）➡ p.29
- ズッキーニ（角切り）…小ブロック1個（10g）➡ p.27
- しいたけ（角切り）…小ブロック1個（5g）➡ p.27
- ごま油…小さじ1/2（2g）
- オイスターソース…小さじ1/4

作り方

1 豚肉とズッキーニとしいたけは凍ったまま耐熱ボールに入れ、ふわりとラップをして電子レンジで30秒加熱する。
2 軟飯はラップをはずさずに凍ったまま耐熱ボールに入れ、ふわりとラップをして電子レンジで2分加熱する。
3 フライパンにごま油を温め、1を入れてさっといためて、2を加えて30秒ほどいためる。オイスターソースを加えてひと混ぜして味つけをする。

かぼちゃと長芋のマッシュサラダ

材料

- かぼちゃ…小ブロック1個（10g）➡ p.27
- 長芋…小ブロック1個（10g）➡ p.26
- ごま油…少量（0.5g）

作り方

1 かぼちゃと長芋は凍ったままそれぞれ耐熱ボールに入れ、ふわりとラップをして電子レンジで各30秒加熱する。
2 かぼちゃと長芋にごま油をたらす。

サケとかぼちゃのサンドイッチ
ブロッコリーと大根のマリネ、ヨーグルト

1食分 **256kcal** / **食塩相当量 0.9g**

材料

- 食パン…8枚切り1枚
- サケ…大ブロック1個（20g）➡ p.28
- かぼちゃ…大ブロック1個（20g）➡ p.27
- マヨネーズ…小さじ1（4g）

作り方

1 サケとかぼちゃは凍ったまま耐熱ボールに入れ、ふわりとラップをして電子レンジで30秒加熱する。

2 あら熱がとれたら、マヨネーズを加えて混ぜる。

3 食パンを半分に切り、1切れのほうに2をのせ、もう1枚でサンドする。食べやすいように3等分に切る。

ブロッコリーと大根のマリネ

材料

- ブロッコリー（小房）…小ブロック1個（10g）➡ p.27
- 大根（角切り）…小ブロック1個（10g）➡ p.26
- 酢…小さじ1/5（1g）
- オリーブ油…小さじ1/4（1g）
- 塩…少量（0.1g）

作り方

1 ブロッコリーと大根は凍ったまま耐熱ボールに入れ、ふわりとラップをして電子レンジで30秒加熱する。

2 酢、オリーブ油、塩を順に加えて混ぜ、味つけをする。

ヨーグルト

・プレーンヨーグルト（無糖）…80g

とうもろこしののりサンドライス

肉団子のきのこケチャップソース
ほうれん草のバターソテー

1食分 190kcal ／食塩相当量 0.2g

材料

- 軟飯…80g ➡ p.19
- とうもろこし…大ブロック1個（20g）➡ p.26
- のり…全型2/3枚

作り方

1 軟飯はラップをはずして凍ったまま耐熱ボールに入れ、ふわりとラップをして電子レンジで2分加熱する。
2 とうもろこしは凍ったまま耐熱ボールに入れ、ふわりとラップをして電子レンジで30秒加熱する。
3 1の軟飯に2のとうもろこしを加えて混ぜて、半分に切ったのり1枚に均一になるようにのせ、もう1枚ののりで挟み、食べやすい大きさに包丁かキッチンはさみで切る。

肉団子のきのこケチャップソース
ほうれん草のバターソテー

材料

- 肉団子…20g（3個分）➡ p.29
- しめじ（小房）…小ブロック1個（10g）➡ p.27
- ほうれん草（刻み）…大ブロック1個（20g）➡ p.26
- バター（無塩）…小さじ1/2

A
- ケチャップ…小さじ1/2
- 酢…小さじ1/2
- 水…大さじ1/2

作り方

1 肉団子としめじとほうれん草は凍ったまま耐熱ボールに入れ、ふわりとラップをして電子レンジで1分加熱する。
2 Aを加えて混ぜて、ラップをせずに電子レンジで30秒ほど加熱し、ひと混ぜする。
3 ほうれん草は凍ったままバターとともに耐熱ボールに入れ、ふわりとラップをして電子レンジで30秒加熱する。
4 器に3のほうれん草を敷き、2の肉団子をのせる。

鶏肉とピーマンとなすのみそいため

青のり軟飯、とうもろこしとにんじんとかぼちゃのおかかあえ

I食分 **170kcal** ／ 食塩相当量 **0.1g**

材料

- 鶏ささ身…大ブロック I 個（20g）➡ p.29
- ピーマン（細切り）…小ブロック I 個（10g）➡ p.27
- なす（一口大）…大ブロック I 個（20g）➡ p.27

A
- みそ…小さじ 1/6（Ig）
- みりん…小さじ 1/5（Ig）
- ごま油…小さじ 1/4（Ig）

作り方

1 ささ身、ピーマン、なすは凍ったまま耐熱ボールに入れ、ふわりとラップをして電子レンジで I 分加熱する。

2 A を加えて、ラップをせずに電子レンジで 30 秒ほど加熱し、ひと混ぜする。

青のり軟飯

材料
- 軟飯…80g ➡ p.19
- 青のり…適量

作り方
1 軟飯はラップからはずして凍ったまま耐熱ボールに入れ、ふわりとラップをして電子レンジで 2 分加熱する。

2 軟飯に青のりをふる。

とうもろこしとにんじんとかぼちゃのおかかあえ

材料
- とうもろこし…小ブロック I 個（10g）➡ p.26
- にんじん（角切り）…小ブロック I 個（10g）➡ p.26
- かぼちゃ（角切り）…小ブロック I 個（10g）➡ p.27
- 削りガツオ…少量

作り方
1 とうもろこしとにんじんとかぼちゃは凍ったまま耐熱ボールに入れ、ふわりとラップをして電子レンジで I 分加熱し、ひと混ぜする。

2 I に削りガツオをふる。

栄養 memo

なすは皮がかたいので、最初は皮を
除いたものからスタートします。
ピーマンは繊維を断つように細切り
にして、できるだけやわらかくします。

鶏肉団子とにんじんとキャベツのクリームシチュー

チーズ軟飯、ほうれん草と玉ねぎのサラダ

I食分 **251kcal** ／ 食塩相当量 **0.5 g**

材料

- 鶏団子…30g（3 個）➡ **p.29**
- にんじん（角切り）…小ブロック I 個（10g）➡ **p.26**
- キャベツ（角切り）…小ブロック I 個（10g）➡ **p.26**

A
- 牛乳…大さじ 2（30g）
- 小麦粉…小さじ I（3g）
- バター…小さじ 1/2（2g）

作り方

1　鶏団子とにんじんとキャベツは凍ったまま耐熱ボールに入れ、ふわりとラップをして電子レンジで I 分加熱する。

2　A をよく練り混ぜて、I に加えてよく混ぜる。ふわりとラップをして電子レンジで 2 分加熱する。ふつふつとしてきたらゴムベラなどで混ぜる。

ほうれん草と玉ねぎのサラダ

材料

- ほうれん草（みじん切り）…小ブロック I 個（15g）➡ **p.26**
- 玉ねぎ（細切り）…小ブロック I 個（15g）➡ **p.27**
- オリーブ油…少量

作り方

1　ほうれん草と玉ねぎは凍ったまま耐熱ボールに入れ、ふわりとラップをして電子レンジで I 分加熱し、オリーブ油を垂らしてひと混ぜする。

チーズ軟飯

材料
- 軟飯…80g ➡ p.19
- プロセスチーズ…8g

作り方
1. 軟飯はラップをはずして凍ったまま耐熱ボールに入れ、ふわりとラップをして電子レンジで2分加熱する。
2. チーズを5㎜角に切って、軟飯に混ぜる。

さ身のヨーグルトカレー
ほうれん草のシラス干しソテー、バナナ

1食分 **199**kcal ／ 食塩相当量 **0.3ｇ**

バナナ
バナナ（10g）は輪切りにする。

材料
- 軟飯…80g ➡ p.19
- 鶏ささ身…大ブロック1個（20g）➡ p.29
- にんじん（角切り）…小ブロック1個（10g）➡ p.26

A
├─プレーンヨーグルト（無糖）…大さじ3（45g）
├─トマトケチャップ…小さじ1/4
├─カレー粉…小さじ1/8
└─サラダ油…小さじ1/4

作り方
1 ささ身とにんじんは凍ったまま耐熱ボールに入れ、ふわりとラップをして電子レンジで1分加熱する。
2 Aを加えて混ぜ、ふわりとラップをして電子レンジで2分加熱し、よく混ぜる。
3 軟飯はラップをはずして凍ったまま耐熱ボールに入れ、ふわりとラップをして電子レンジで2分加熱する。
4 軟飯とカレーを盛り合わせる。

ほうれん草のシラス干しソテー

材料
- ほうれん草…大ブロック1個（20g）➡ p.26
- シラス干し…5g
- サラダ油…少量

作り方
1 ほうれん草は凍ったままサラダ油とともに耐熱ボールに入れ、ふわりとラップをして電子レンジで30秒加熱し、ひと混ぜする。
2 ほうれん草にシラス干しをのせる。

離乳食日記 バクバク期
28 週間目

・豚肉団子と
　さつま芋と
　小松菜のトマト煮
・パン
・メロン

・りんご、ヨーグルト
・豚肉と
　ブロッコリーの
　ごま煮びたし
・軟飯
・長芋とにんじんと
　ひじきのあえ物

① ・ほうれん草のシラス干しあえ・豚肉団子とエリンギのクリーム煮・パン・麦茶・りんご
② ・軟飯・じゃが芋とほうれん草のバターソテー・ブロッコリーと鶏肉とにんじんのクリームチーズ煮・りんご
③ ・鶏手羽先の雑炊・メロン・ブロッコリー、にんじん、長芋のあえ物

・ほうれん草と
　さつま芋の
　ミルク煮
・パン
・サケとじゃが芋と
　しめじの
　バター蒸し

・軟飯＋ホタテ貝
　＋ひじき＋青のり
・にんじんと長芋の
　おかかあえ

・軟飯＋青のり＋ゆかり・りんご、ヨーグルト
・にんじんとひじきと鶏肉のいり豆腐

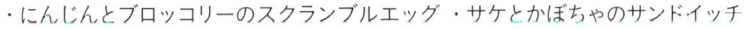

・にんじんとブロッコリーのスクランブルエッグ
・パン
・かぼちゃとズッキーニのヨーグルトサラダ

・サケとかぼちゃのサンドイッチ
・ブロッコリーと大根のマリネ
・メロン、ヨーグルト

レモンスタート！

生きゅうりスタート！

① ・バナナ、きな粉、ヨーグルト
・ひじきとシラス干しの混ぜごはん
・豚肉とブロッコリーとさつま芋の
ゆかりあえ
② ・軟飯＋青のり・きゅうりのせん
切りのとろろこんぶあえ・豚肉とほ
うれん草とじゃが芋のみそ煮
③ ・メロン、ヨーグルト・サケとブロッ
コリーと長芋とさつま芋のマヨネー
ズ焼き・軟飯

・サケとほうれん草の
ナポリタン風パスタ
・ブロッコリーと
にんじんの
レモンチーズマリネ

・軟飯
・にんじんと
長芋のごまあえ
・豚肉と
ブロッコリーと
さつま芋の
中華あんかけ

29 週間目

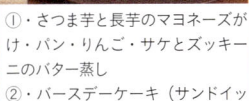

生マヨネーズスタート！

① ・さつま芋と長芋のマヨネーズが
け・パン・りんご・サケとズッキー
ニのバター蒸し
② ・バースデーケーキ（サンドイッ
チパン＋水切りヨーグルト＋いちご）
③ ・軟飯・ハンバーグ＋（ケチャッ
プ＋中濃ソース＋バター＋水）、にん
じん、ブロッコリー

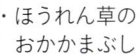

・パン
・手羽先と大根と
しいたけのスープ
・かぼちゃの
クリームチーズあえ

・ほうれん草の
おかかまぶし
・メロン
・軟飯＋ひじき＋
にんじん＋
鶏そぼろ

イワシ スタート！

・軟飯
・ブロッコリーとひじきのクリームチーズ
おかかあえ
・豚汁（豚肉、大根、にんじん、しいたけ）

・イワシと
ブロッコリーの
パスタ
・パン
・キャベツの
ヨーグルトマリネ

・麦茶
・豚肉とズッキーニと
しいたけの
チャーハン風
・かぼちゃと長芋の
マッシュサラダ

125

- メロン、ヨーグルト
- パン
- 鶏胸肉、キャベツ、かぼちゃのサラダ

- かぼちゃとキャベツのヨーグルトサラダ
- 牛ハヤシライス（軟飯、牛肉、ブロッコリー、にんじん、しいたけ）

- りんご、ヨーグルト
- パン
- 鶏胸肉とほうれん草のバター蒸し
- にんじんと大根のマリネ（塩、砂糖、オリーブ油）

- 軟飯
- アジのソテーきのこトマトソース、ブロッコリー
- にんじんとズッキーニのオイル蒸

- しめじとかぼちゃのサラダ
- 卵トースト
- ささ身、ブロッコリー
- きな粉、ヨーグルト

- にんじん、ほうれん草
- コーンごはんののりサンド
- 煮込みハンバーグ

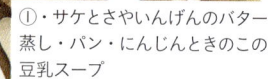

① ・サケとさやいんげんのバター蒸し・パン・にんじんときのこの豆乳スープ
② ・白菜のおひたし・ゆで豚と小松菜のみそごまあえ・のりおにぎり
③ ・軟飯・小松菜とえのきのごまあえ・豚肉となすのみそいため

31 週間目

- 鶏肉団子とブロッコリーとかぼちゃのミルク煮
- パン
- バナナ
- ヨーグルト

- 軟飯
- サケとほうれん草のオイル蒸し
- 鶏胸肉となすとさやいんげんの煮物

- ほうれん草コーンバター
- 卵トースト
- りんご、すいか、ヨーグルト

- 軟飯＋小松菜
- バナナ
- 鶏団子とにんじんとさつま芋の煮物

30 週間目

・メロン、ヨーグルト・パン
・ほうれん草コーンバター

粒コーンスタート！

・ゆでほうれん草　もやし・パン
・チキンソテー、ズッキーニソテー
・バナナ

・りんご
・パン
・麦茶

・パン
・りんごの
　すりおろし

体調不良用の献立

・パン・麦茶・ほうれん草とかぼちゃのマリネ
・バナナ、きな粉、ヨーグルト

まだ体調不良用

・鶏肉と小松菜と
　にんじんのスープ
・パン
・りんご、ヨーグルト

・軟飯＋のり
・とうもろこしと
　にんじんの
　おかかがけ
・りんご
・鶏肉となすと
　ピーマンの
　みそいため

・鶏肉とさつま芋の
　ミルクパンがゆ
・りんご、すいか、
　ヨーグルト
・さやいんげんと
　にんじんの
　ごまサラダ

・りんごと
　キャベツのサラダ
・卵と小松菜の
　軟飯チャーハン

本田よう一（ほんだよういち）

1983年生まれ。福島県泉崎村出身。
栄養士、料理家。野菜をたっぷり使い、素材の味を活かしたレシピを得意とし、家族みんなで楽しめる味つけに定評がある。提案する料理は、食べる人にやさしく、作る人にもやさしくをモットーとしている。地元福島と東京を行き来しながら、料理教室、テレビ、雑誌やネット動画、商品開発などに携わる。妻と、1歳6か月の男の子を絶賛育児中。

ホームページ	http://youichi-honda.com/
ツイッター	https://twitter.com/youichihonda
インスタグラム	https://www.instagram.com/youichihonda/
インスタグラム離乳食	https://www.instagram.com/youichihondarinyusyoku/
フェイスブック	https://www.facebook.com/honda.youichi

パパ離乳食はじめます。

著者／本田よう一
撮影／本田犬友
デザイン／株式会社レジア
編集／株式会社レジア
栄養価計算／山手美沙
校正／くすのき舎
編集協力／日高良美

発行　2019年12月5日　初版第1刷発行

発行者　香川明夫

発行所　女子栄養大学出版部

　　　　〒170-8481　東京都豊島区駒込3-24-3
　　　　電話　03-3918-5411（営業）
　　　　　　　03-3918-5301（編集）
　　　　ホームページ　http://www.eiyo21.com

振替　00160-3-84647

印刷・製本所　中央精版印刷株式会社

ISBN978-4-7895-1723-2